멈출 수 없는 **사랑**,
**아가서**의 **사랑** 이야기

# 멈출 수 없는 사랑,
# 아가서의 사랑 이야기

이성훈·허계영 글 | 허설영 그림

성인당

## 차 례

◆ 프롤로그 … 007

01 우리 맘 속의 영원한 로망, 신데렐라 이야기 … 015
02 우리는 정말 '사랑의 딜레마'에서 헤어날 수 없는 걸까? … 018
03 소위 신앙이 좋다는 사람들, 과연…? … 020
04 인간의 마음은 요지경 … 024
05 왜 아가서인가? … 026
06 사랑의 중도포기자들 – 우리의 사랑엔 왜 유통기한이 있을까? … 028
    1) 사랑을 갈구하는 인간의 마음 … 028
    2) 사랑의 중도포기자들 … 030
07 하늘나라 왕자님과의 소개팅 … 043
08 환상적 사랑 – 애써 찾아낸 사랑의 타협점 … 053
09 아프지만 꼭 깨야 할 환상 … 062
10 '바위틈, 낭떠러지, 은밀한 곳'까지 찾아오신 예수님 … 068
11 사랑의 포도원을 허무는 작은 여우 … 072
12 낙엽 따라 가버린 사랑 … 082
13 우리, 다시 사랑할 수 있을까? … 086
14 무덤에서 궁궐로 이사한 신혼집 … 101
15 비 온 뒤 땅이 더 굳어지듯, 우리의 사랑은 더 완숙해지고 … 108

**16** 다시 한번 확인하고 건너는 사랑의 돌다리 ··· 112
**17** 아~ 우리의 젊음을 위하여 잔을 들어라! ··· 121
**18** 낙엽이 지거든 물어보십시오 사랑은 왜 낮은 곳에 있는지를 ··· 123
**19** 당신의 흔적이라면 그 어떤 것이라도 ··· 132
**20** 진정한 사랑이란? ··· 143

    1) "나는 내 님의 것, 내 님은 나의 것!" (마음이 하나되는 사랑) ··· 144

    2) "머리끝부터 발끝까지 다 아름다운 그대!" (나의 모든 것을 최고로 봐주는 사랑) ··· 149

    3) "내겐 너뿐이야!" (하나뿐인 사랑) ··· 156

    4) "우리 함께 춤을 춰요!" (모두가 축복해 주는 사랑) ··· 159

    5) "첫 키스만 50번째!" (항상 새롭게 보이는 사랑) ··· 161

    6) "아낌없이 나누어요!" (열매 맺는 사랑) ··· 166

    7) "그대는 마치 내 혈육 같아!" (친밀한 사랑) ··· 170

    8) "그대만을 영원히 사랑하리!" (변치 않는 사랑) ··· 173

    9) "그대 모습은 위풍당당한 여왕의 자태!" (자신감 있는 사랑) ··· 177

    10) "이 모든 게 다 그대의 것, 맘껏 누려요!" (풍요로운 사랑) ··· 180

**21** 아가서는 신데렐라 이야기의 후속편 ··· 185

    1) 신데렐라 이야기 1편 (밀월기) ··· 185

    2) 신데렐라 이야기 2편 (권태기) ··· 186

    3) 신데렐라 이야기 3편 (회복기) ··· 191

    4) 신데렐라 이야기 4편 (성숙기) ··· 199

◆ **에필로그** ··· 204

## 아가서의 15개 황금마차

1호) 인간 사랑의 딜레마 … 034

2호) 사랑을 공부하기 전, 먼저 해야 할 마음 공부-인간 원(原)마음의 3대 본질 … 038

3호) '버림받음'에서 자유로울 사람은 아무도 없다! … 040

4호) 예수님 눈에는 남자들도 다 여자 … 052

5호) 예수님은 왜 우리를 단번에 치유해 주시지 않을까? … 059

6호) '작은 여우'와 짝사랑의 역학관계 … 076

7호) 아가서의 중요한 두 가지 키워드 … 078

8호) 우리 영혼 속 깊은 곳에 숨어있는 잃은 양 한 마리 … 079

9호) 죽음으로 대신한 사랑-최고의 낭만적 사랑! … 098
  & 로즈가 다이아 목걸이를 바다에 던진 이유 … 099

10호) 우리의 무의식까지 들어오기 원하시는 예수님 … 129

11호) 우리가 사랑을 하려고 마음을 여는 순간, 사랑이 아닌 다른 것이 올라온다 … 135

12호) 우리의 무의식엔 회로가 있다! … 139

13호) 하나님의 사랑은 파이 나눠 먹기가 아니다! … 158

14호) 기독교 신앙의 핵심, 십자가! 하지만 많은 오해가… … 192

15호) 총정리 : 아가서는 이런 틀로 이루어져 있답니다! … 203

이 책에 수록된 아가서 성경 본문은 유진 피터슨의 '메시지(The Message)' 성경의 허계영 개인 번역본을, '개역성경'의 일부 단어들로 보완한 것입니다.

## 프롤로그

태초에 하나님께서는 만물에게 생명을 불어넣어 세상을 창조하셨다. 그중 특별히 인간에게는 하나님 자신의 생명을 주셨다. 생명은 사랑이 없이는 죽고 만다. 그래서 하나님께서는 생명이 있는 모든 곳에 사랑을 주셨다. 자연도 사랑이다. 주님께서는 사랑으로 만물을 먹이시고 입히신다. 생명체들이 서로 사랑으로 섬김으로써 자연이 순환되는 것이다.

인간 역시 자연 속의 영양분만 취한다고 살 수 있는 게 아니다. 그 속에 있는 사랑을 같이 먹고 마셔야만 살 수 있는 것이다. 아기가 엄마 젖을 먹을 때, 엄마 젖에 들어있는 영양분만 먹지 않고, 그 속의 사랑도 같이 먹으면서 생명으로 살고, 성장하는 것과 같은 이치이다. 우리 육신은 물과 영양분을 먹고 살지만, 우리 영혼과 인격은 사랑을 먹어야만 살 수 있도록 창조

되었기 때문이다.

그런데 인간이 선악과를 따 먹는 순간, 인간의 마음에서 사랑이 사라지고 말았다. 인간이 하나님을 떠나기로 마음먹은 순간, 하나님께서 주셨던 사랑도 인간의 마음에서 떠나버린 것이다. 선악과란 모든 것을 '선과 악의 잣대'로 판단하고 선택하는 것을 의미한다. 선악은 단지 윤리도덕만을 말하는 게 아니다. 인간들은 '자기에게 이로우면 선, 해로우면 악'이라고 한다. 즉 윤리도덕이 말하는 선악도 결국은 인간에게 도움이 되는지 여부에 따라 결정이 된다는 것이다.

이처럼 인간은 모든 것을 선악의 기준으로 판단하고 선택한다. 자신에게 좋고 유익한 것을 찾는 반면, 자신에게 나쁘고 해로운 것은 미워하는 것이다. 이것이 왜 문제가 될까? 선악을 앞세우면, 그 속의 사랑을 보지 못하게 되기 때문이다. 사랑은 판단이 아니라, 서로 수용하고 믿어주고 기다려주는 것이기 때문이다. 이것이 바로 고린도전서 13장에서 말하는 사랑이다. 선악의 판단이 아닌, 이해와 용서! 그것이 바로 사랑인 것이다.

그래서 사랑과 선악은 공존할 수 없다. 인간이 선악을 취하는 순간, 그 속에는 이미 사랑이 없기 때문이다. 사랑은 작고 보잘것없는 '버림받은 마음, 상처 입은 마음'을 귀하게 여기며 받아주는 것이다. 그래서 사랑은 선악을 넘어선다.

그런데 인간이 선악과를 따먹는 순간, 마음속에 있던 사랑이 사라져 버렸다. 그 결과 인간 속의 생명도 죽어갈 수밖에 없게 되었다. 사랑의 상실은 사랑의 결핍뿐만 아니라 '버림받음'이라는 상처를 남긴다. 사랑받지 못한다는 것은 곧 버림받았다는 뜻이기 때문이다.

우리 속의 생명은 너무나 사랑을 갈구하지만, 우리가 사랑을 상실하면서 입은 버림받음의 상처 때문에 우린 온전한 사랑을 할 수 없게 되었다. 그래서 우리는 겉으로는 '사랑한다'고 하면서도, 속으로는 '버림받는' 이중성을 보인다. 이것이 바로 우리가 겪는 사랑의 아픔이고 병인 것이다.

예수님께서 자신의 생명을 우리에게 주신 것은 단지 우리의 죽은 생명을 살리기 위해서만이 아니었다. 그분은 우리가 사랑을 상실하면서 입은 버림받음의 상처 역시 대신 감당하셨다. 예수님이 십자가에서 많은 고통을 당하셨지만, 그 중에서도 가장 극한의 고통은 '버림받음'의 아픔이었다. 그분은 모든 인간들(심지어 그토록 사랑했던 제자들까지)로부터 배신을 당하셨을 뿐 아니라, 하나님 아버지에게까지 버림받으신 것이다! 예수님은 그 버림받음의 고통에 최후의 절규를 하시며 돌아가셨다.

"나의 하나님, 나의 하나님, 어찌하여 나를 버리셨나이까?
(엘리 엘리 라마 사박다니?)" ― 마 27:46

그분은 우리의 버림받음의 상처를 치유하시기 위해, 자신이 모든 것으로부터 버림받는 극한의 고통을 짊어지신 것이다. 우리는 십자가를 단순히 '예수님께서 우리 죄를 대신하심으로써 우리에게 생명을 주신 것'으로만 생각하는 경우가 많다. 그러나 사실 주님은 십자가에서 우리의 죄뿐만 아니라, 죄의 모든 후유증들-죄로 인한 아픔과 많은 문제들-까지 단번에 다 해결해 주셨다! 그러지 않고서는 우리의 사랑이 치유받을 수도, 회복될 수도 없기 때문이다.

아가서는 바로 '예수님께서 우리의 사랑을 회복시켜 주시는 과정'을 아주 구체적으로 설명해주는 책이다. 우리는 흔히 아가서를 단순히 연애소설류의 문학으로만 이해하거나, '주님의 막연한 사랑의 표현이겠거니...' 생각한다.

그러나 아가서는 단순한 사랑 이야기가 아니다. 아주 정교한 '사랑의 과학'에 관한 책이다. 창조주 하나님, 우주 만물을 창조하신 우리 하나님은 '과학자'이시다. 그 창조의 섭리나 영적 세계를 아직 인간이 다 이해하지 못해서 '초과학'이라고 말할 뿐, 사실 성경 전체에는 '창조주의 과학성'이 면면히 흐르고 있다.

나의 전문분야가 정신의학이다 보니, 자연스레 성경도 '마음'의 관점에서 보게 된다. 그러면서 놀라운 사실을 발견하였는데, 그것은 바로, 성경에 현대 정신의학이나 뇌과학의 이론으로 이해할 수 있는 '마음의 과학'이 들어있다는 것이었다! 특히 구원의 복음 속에 있는 치유의 핵심과 능력이야말로 너무도 치밀한 과학임을 깨달았다. 그래서 시작한 것이 내적치유 세미나였다. '인간의 아픈 마음이 어떻게 발생하는지, 이 아픈 마음을 구체적으로 어떻게 치유할 수 있는지'가 성경에 너무도 자세히 설명되어 있음을 발견하고, 이를 바탕으로 '성경적 내적치유'를 할 수 있었던 것이다.

성경은 구속사(救贖史 The history of redemption)를 다루는 책이다. 구약에서는 '인간의 죽음과 질고가 어떻게 오게 되었는지'에 대한 설명과 더불어, '하나님께서 생명을 구원하시기 위해 어떤 계획을 세우셨는지'를 이스라엘 역사를 통해 보여준다. 그런가 하면 신약에서는 '예수님이 이 땅에 오셔서 인간의 구원을 십자가 사건으로 어떻게 완성하셨는지'를 구체적으로 설명해준다. 하지만 앞에서도 언급했듯이, 이 십자가의 구원에는 '생명'만 포함된 것이 아니다. 구원에는 '생명의 상실로 인한 아픔의 치유'까지 포함되어 있는 것이다!

그래서 나는 '성경이 인간의 아픔을 어떻게 보는지, 그리고 하나님께서는 이 아픔을 어떻게 치유하시는지' 이해하고 싶었다. 그래서 다시 시작한 것이 '치유적 성경공부'였다. 창세기부터 요한계시록까지 모든 성경을 '치유적 관점'으로 다시 보고 이해하고 싶은 간절한 소원에서 시작하였다. 하지만 소원과 갈망으로만 할 수 있는 일이 아니었기에, 성령님의 도우심과 지혜를 간절히 구했고, 감사하게도 성령님께서 이 과정을 친히 인도해 주셨다. 이것을 몇 년에 걸쳐 공동체 지체들과 강의로 나누었다. 그리고 그 강의는 서서히 잊혀졌다. 그 어느 누구도 더 이상 이 강의에 관심을 갖지 않았고 심지어 나 자신도 내가 그러한 강의를 했었는지조차 까맣게 잊고 살았다.

그런데 이렇게 거의 사장될 뻔했던 강의가 허계영 선교사에 의해 다시 발굴되었다. 허계영 선교사가 '성경의 맥과 핵'이란 책을 쓴 후, 내게 추천사를 요청하였고, 난 그 책을 읽으면서 '아, 나도 성경에 대해 강의한 적이 있는데'란 생각이 문득 떠올랐다. 그래서 이를 허 선교사에게 말했더니, 허 선교사가 그 강의를 듣고 싶다고 해서 공동체 지체들에게 수소문한 끝에 가까스로 강의 녹음 파일들을 구해 허 선교사에게 전해주었다. 그랬더니 허 선교사가 '이런 강의는 반드시 세상에 알려야 한다'고 강력히 주장하면서 본인이 원고 작업을 해 보겠다고 하였다. 그리고 그 첫 번째 결실로 탄생한 것이 바로 이 책이다.

이 책은 허 선교사가 나의 강의 내용을 재편집하여 이해하기 쉽도록 쓴 것이다. 물론 내가 강의한 것은 사실이지만, 거의 방치돼 있던 것을 허 선교사가 발굴하여 창조적인 편집과 글쓰기로 새롭게 탄생시킨 글이기에, 나는 '허 선교사가 당연히 제 1저자가 되어야 한다'고 강권하고 주장하였다. 그러나 허 선교사 역시 극구 사양하여 어쩔 수 없이 부족한 내가 제 1저자가 되었다. 이처럼 명목상으로는 부득이 내가 제 1저자가 되었지만, 여전히 마음으로는 이 책이 나오기까지 많은 노력과 공을 들인 허 선교사의 저서임을 고백하고 싶다. 그리고 아날로그로 녹음되었던 강의를 디지털로 전환하는 수고를 해준 김해옥 집사님에게도 감사하고 싶다. 또한 이 자료를 잘 간직해 두었다가 허 선교사에게 전달해 준 김은주 집사님에게도 감사를 드린다.

누가 강의를 하고, 누가 다시 썼든, 이 모든 것을 계획하고 이루신 분은 성령님이심을 고백할 수밖에 없다. 우리가 성령님께 순종하여 쓰임받은 것만으로도 더없는 영광과 기쁨이라고 생각한다.

이 책을 통해 많은 분들이 기독교의 핵심인 사랑을 더욱 잘 이해하고, 그 사랑을 마음과 몸에서 이룰 수 있다면 더할 수 없는 보람이 될 것이다. 이 책을 통해 죽어가던 생명이 사랑으로 다시 살아나는 놀라운 열매와 축복을 거두시길 간절히 기도한다.

또한 앞으로 '치유적 관점'에서 성경을 연구한 책들이 계속적으로 나오길 기대한다. 그래서 성령님의 동행하심과 축복 가운데 많은 분들이 치유를 받고, 생명력 있는 삶을 살 수 있길 간절히 소망해본다.

2021년 2월
강원도 성인덕에서 이성훈

# 01

# 우리 맘 속의 영원한 로망, 신데렐라 이야기

불과 한 세대 전까지만 하더라도 어린이들은 부모님이 말로 전해주거나, 책으로 읽어주는 이야기를 '들으면서' 자라났습니다. 하지만 요즘 아이들은 인터넷을 통해 동영상으로 이야기를 '보면서' 자라납니다. 이렇게 이야기의 전달 형식은 달라졌지만, 인류가 만들어낸 대부분의 이야기들의 주제는 여전히 변함이 없습니다. 그것은 바로 '사랑'이지요. 그래서 어린이들은 신데렐라나 백설공주와 같은 동화 속 사랑을 꿈꾸며 자라납니다. 그런데 과연 어린이들만 그럴까요? 어른들을 위해 만들어진 소설, 시, 드라마, 가요, 팝송, 영화, 연극, 뮤지컬, 오페라, 무용극 등등 그 수많은 작품들에 담긴 이야기의 주제 역시 여전히 '사랑'입니다. 이것만 봐도 인간은 태어나서부터 죽는 순간까지 끊임없이 사랑을 갈구한다는 사실을 알 수 있지요.

동화 '신데렐라'는 모든 인류의 꿈과 소망이 담긴 이야기입니다. 이 동화에는 인간의 두 가지 꿈이 담겨있는데, 첫째는 나를 채워주는 대상, 즉 나만을 사랑해 주고, 바라봐 주고, 위로해 주고, 격려해 주고, 보호해 주는 대상에 대한 꿈이고, 둘째는 그 대상이 갖춘 세상적 조건 역시 최상이길 바라는 꿈, 즉 부유하고, 잘생기고, 능력 있고… 그래서 내가 그와 결혼함으로써 내 신분이 급상승할 수 있는, 즉 내가 그 사람에게 편승해서 인생역전을 이루는 꿈이죠. 신데렐라 이야기가 우리를 매혹시키는 이유는 바로 이 동화 속에서 이 두 가지 꿈이 다 실현되기 때문입니다. 나만을 사랑하여, 나를 찾기 위해 유리구두를 들고 온 나라를 찾아 다니는 순정남, 게다가 그가 모든 걸 다 갖춘 왕자님이라니…, 나의 비천함을 한 방에 해결해 줄 수 있다는 환상적 이야기, 신데렐라에 마음이 흔들리지 않을 사람은 거의 없는 것 같습니다.

그런데 그 신데렐라 이야기의 원조가 성경에 있습니다. 바로 아가서지요. 그렇게 모든 걸 다 갖춘 완벽남 솔로몬 왕이, 한없이 비천한 시골 마을의 한 소녀만을 사랑하는 이야기니까요. 그래서 장안의 큰 화제가 되었던 이들의 러브스토리를 모든 예루살렘 여인들이 부러워하며, 노래로 만들어 부를 정도였지요.

아가서는 솔로몬 왕과 술람미 소녀가 서로를 향해 부르는 사랑의 연가와 답가 형식으로 구성되어 있습니다. 솔로몬의 소녀를 향한 사랑은, 우리의 모든 아픔과 상처, 그리고 수많은 문제들을 단 한 방에 해결해 줄 수 있는 꿈같은 사랑입니다. 우리도 이런 사랑을 할 수 있다면 얼마나 좋을까요? 그래서 사랑과 부요와 행복을 한꺼번에 다 얻을 수 있다면요? 인간이라면 누구나 다 이런 꿈을 이루길 간절히 원합니다. 그러기에 지금껏 모든 부모들이 자기 자녀들에게 신데렐라 이야기를 들려주었고, 앞으로도 신데렐라 이야기는 인간의 역사가 계속되는 한, 결코 세상에서 사라지지 않을 것입니다.

## 02

# 우리는 정말 '사랑의 딜레마'에서 헤어날 수 없는 걸까?

인류가 이토록 갈망하고 염원하는 사랑! 하지만 그 사랑에 성공한 사람은 과연 얼마나 될까요? '그들은 행복하게 오래오래 살았답니다'로 끝나는 동화 속 이야기가 현실에서 이루어질 가능성은 과연 몇 퍼센트나 될까요? 왜 우리 인간은 사랑을 그토록 원하면서도, 정작 그 사랑의 꿈은 이루지 못하는 걸까요? '죽음이 그대들을 갈라놓을 때까지' 사랑하겠다던 그 뜨거운 맹세는 왜 그리도 쉽게 식어버리는 걸까요?

모든 인류가 이렇게 '사랑의 딜레마' 속에 빠져 허우적거리고 있음에도 불구하고, 거기에서 탈출할 수 있는 방법을 아는 사람은 거의 없는 것 같습니다. 그렇다면 유사이래 모든 인류가

앓아온 '사랑의 딜레마'라는 불치병을 치료할 수 있는 방법은 과연 없는 걸까요?

놀랍게도 여기 그 치료법이 있습니다! 66권의 성경 중, 가장 아름답고도 고고하게 피어 있는 '성경의 꽃'인 바로 아가서에 말입니다. 여러분, 우리가 그토록 염원하고 갈망하는 사랑을 누리기 위한 여정을 떠나고 싶지 않으세요? 우리 모두 진정한 사랑꾼이 되어, 아가서라는 황금마차를 타고, 사랑역이라는 종착점을 향해 여행을 떠나 봅시다! 모두 다 준비되셨나요? 자, 그럼 다 함께 출발~!

# 03

# 소위 신앙이 좋다는 사람들,
# 과연…?

신앙생활을 한 마디로 정의하면 뭐라고 할 수 있을까요? 신앙의 정수(精髓, essence)는 다름 아닌 '사랑'입니다. 왜냐하면 신앙생활을 '하나님을 만나고 누리는 것'이라고 정의할 수 있는데, 하나님의 본질이 바로 사랑이기 때문이죠.

> 하나님은 사랑이시라 - 요일 4:16

하나님의 본질이 사랑이라는 말은 무슨 의미일까요? 그것은 하나님은 '사랑 그 자체'이시기 때문에, 하나님에게서 나오는 것 역시 오직 사랑뿐이라는 뜻입니다. 즉 하나님은 사랑하지 않고는 배길 수 없는 분이란 뜻이죠. 또 하나님의 모든 행동의 근본적 동기 역시 바로 사랑이라는 뜻이기도 하답니다.

> 지금까지 하나님을 본 사람은 아무도 없어요. 아무도요. 하지만 우리가 서로 사랑할 때, 하나님께서 우리 안에 깊이 거하시고, 우리 안에서 하나님의 사랑이 완전해지죠. 이게 바로 '완전한 사랑(perfect love)'이에요! 이것은 또 '우리가 하나님 안에, 그리고 하나님께서 우리 안에 깊고도 견고하게 거하시는지' 테스트하는 방법이기도 해요. 하나님께서는 당신의 생명-바로 하나님의 영-을 우리에게 주셔서 우릴 살려주셨어요. 우리는 '아버지께서 당신 아들을 세상의 구주로 보내신 것'을 두 눈으로 직접 본 사람들이에요. 그래서 그 사실을 공개적으로 계속 전하는 거지요. '예수님이 하나님의 아들'이라고 고백하는 사람은 누구나 하나님과의 친밀한 교제를 지속적으로 누릴 수 있어요. 우린 이걸 너무 잘 알아요. 그래서 하나님으로부터 오는 이 사랑을, 우리 마음과 영혼으로 힘껏 끌어안는 거예요.
> - 요일 4:12~16 (유진 피터슨의 '메시지' 성경, 허계영 개인번역)

그렇다면 어떤 사람이 신앙 좋은 사람일까요? 도덕성이 뛰어나고 인격적으로 훌륭한 사람? 헌금 많이 하는 사람? 성경을 수십 번 통독한 사람? 사역이나 전도의 열매가 많은 사람?

아니면 예언이나 신유의 은사가 있는 사람? 그것도 아니라면 하나님을 위해 기꺼이 순교할 각오가 되어 있는 사람? 놀랍게도 이 질문에 대한 대답이 성경에 정확히 나와 있군요.

> 내가 인간의 언어로 아무리 세련되게 말한다 해도, 천사의 언어로 아무리 황홀하게 말한다 해도, 정작 나에게 사랑이 없다면 나는 녹슨 문에서 나는 삐걱거리는 소리에 불과합니다. 내가 하나님의 말씀을 아무리 권능있게 전한다 해도, 하나님의 모든 신비를 아무리 명료하게 보여주고 해석한다 해도, 그리고 산에게 '뛰어라'라고 명할 때, 산이 내 명에 따라 실제로 뛴다 해도, 정작 나에게 사랑이 없다면 나는 아무 것도 아닙니다. 내가 가난한 사람에게 내 마지막 한 푼까지 다 나눠주고, 설사 순교자로 화형까지 당한다 하더라도, 정작 나에게 사랑이 없다면 나는 그 어느 자리도 얻을 수 없습니다. 그러니까 뭐냐면…, 내가 무슨 말을 하건, 무엇을 믿건, 무슨 일을 하건, 정작 나에게 사랑이 없다면 내게 남는 건 아무 것도 없다는 말입니다.
>
> – 고전 13:1~3 (유진 피터슨의 '메시지' 성경, 허계영 개인번역)

그래서 우리는 신앙생활을 한 마디로 '사랑'이라고, 그리고 신앙 좋은 사람을 한 마디로 '마음에 사랑을 많이 갖고 있는 사람'이라고 정의할 수 있는 것입니다. 즉 '하나님을 향한, 그리고 사람을 향한 사랑이 얼마나 있느냐'가 신앙의 수준을 가늠할 수 있는 척도라는 것이지요. 기독교는 한마디로 '사랑의 종교'입니다. 하지만 우리는 자꾸만 사랑 이외의 것들에 우선권을 빼앗긴 채, 부수적이고 쓸데없는 것들에만 정신이 팔려, 인생을 낭비합니다. 아무리 신앙이 뜨거워도 사랑이 없다면, 그것은 문제가 있는 신앙입니다. 사랑이 없는 신앙은 헛된 거짓이고, 알곡 없는 쭉정이일 뿐입니다. 사랑이야 말로 기독교 신앙의 정수니까요.

신앙이 깊어지는 것은 곧 사랑이 깊어지는 것입니다. 즉 하나님의 사랑을 점점 더 깊이 깨달아 가는 가운데, 인간에 대한 사랑 역시 점점 더 깊어지는 것이 바로 신앙이 깊어지는 성화(聖化) 과정이라고 할 수 있겠지요.

# 04
## 인간의 마음은 요지경

우리는 사랑을 너무도 갈구하며 소중히 여기기에, 사랑에 성공하고자 많은 의지적인 노력을 기울입니다. 사랑에 관한 지식을 습득하기도 하고, 사랑의 기술을 연마하기도 하지요. 하지만 사랑은 그런 방법으로 얻을 수 있는 게 아닙니다. 왜 그럴까요? 사랑은 '마음'으로 하는 것이기 때문입니다. 그런데 문제는 인간의 마음(자기 마음이건 타인의 마음이건)이 눈에 보이지 않아, 제대로 파악하기조차 너무 어렵다는 거죠. 이렇게 자기자신조차 알 수 없는 '마음'으로 사랑을 해야 하니, 사랑이 그렇게 어려울 수밖에 없는 것입니다.

그래서 사랑에 성공하기 위해서는 우리 마음에 대한 공부를

먼저 해야 합니다. 흔
히들 '인간의 마음은
요지경'이라고 하
죠. 나의 의지나
생각과는 달리,
내 마음은 전혀
딴 방향으로 흘러가는

경우가 많기에 그렇게들 말하는 것 같습니다. 우리가 우리 마음을 먼저 이해하고 파악하지 못한 채 사랑을 한다면, 어떤 일이 벌어질까요? 사랑을 하면 할수록 우리 마음 여기저기가 상처를 입으면서 점점 더 아파질 뿐, 도저히 사랑을 이룰 수 없게 된답니다. 왜냐하면 우리의 병든 마음은 고슴도치들처럼 서로 가까이 다가갈수록 서로를 찔러 더 아프게 만들 뿐이니까요.

# 05
## 왜 아가서인가?

많은 그리스도인들이 성경에 아가서가 포함되어 있다는 사실에 적잖이 당혹스러워합니다. 삼류 연애소설이나 19금 영화에서나 나올 법한 자극적이고 선정적인 표현들이 여과없이 적나라하게 나열되어 있으니까요.

하지만 하나님께서 우리에게 아가서를 주신 이유는 바로, 태생적으로 사랑을 할 수 없는 우리 인간들에게 사랑이 무엇인지 가르쳐 주시고, 누리게 하시려는 데 있습니다. 그래서 솔로몬으로 하여금 '사람과의 친밀한 사랑'을 통하여 '하나님과의 속 깊은 사랑'을 체험하게 하시고 아가서라는 책을 쓰게 하셨습니다.

[1] 바로 그 노래-이 세상 모든 노래 중 최고의 노래, 솔로몬의 노래!
- 아 1:1

아가서에는 사랑의 진행 과정과 사랑의 갈등 해결책이 자세히 설명되어 있습니다. 아가서는 예수님과 우리가 어떻게 사랑을 할 수 있는지, 하나님과의 사랑을 어떻게 회복할 수 있는지를 다루고 있는 책입니다. 이처럼 아가서는 우리에게 사랑을 가르쳐주는 정말 중요한 '사랑학 교과서'인 것입니다. 그래서 아가서를 성경의 핵심, 성경의 꽃이라고 말하는 것이지요. 만약 아가서가 없다면 다른 성경이 아무 것도 아닐 정도로 아가서는 우리 그리스도인들에게 아주 중요한 필독도서랍니다.

# 06

## 사랑의 중도포기자들
– 우리의 사랑엔 왜 유통기한이 있을까?

우리 인간들이 근본적으로 사랑에 실패할 수밖에 없는 이유는 우리 모두가 '사랑의 중도포기자'이기 때문입니다.

### 1) 사랑을 갈구하는 인간의 마음

인간의 마음은 하나님께서 창조하신 놀라운 작품입니다. 그런데 문제는, 그 마음에 사랑이 있어야만 아름다울 수 있도록 만드셨다는 거죠. 이것은 마치 '마음은 엔진, 사랑은 연료'인 것과도 같습니다. 아무리 좋은 엔진이라도 연료가 없으면 처치곤

란 애물단지가 되는 것처럼, 우리 마음에 사랑이 들어갈 때에야 비로소 생기, 생명력, 창조력, 기쁨, 아름다움이 생기는 것이죠. 왜냐구요? 하나님께서 그렇게 만드셨기 때문입니다.

그런데 우리가 범죄하면서, 우리들 마음에서 사랑이 철수되어 버렸습니다. 그 결과, 우리는 하나님뿐만 아니라 인간들과도 사랑을 할 수 없게 되었지요. 그래서 우리는 사랑하겠다면서, 결국 서로를 정죄하고, 서로에게 버림받고, 서로 상처를 주고받을 수밖에 없는 것입니다. 우리 몸에 탈수현상이 일어날 때, 물을 찾는 갈급함이 이루 말할 수 없이 강렬하듯, 사랑을 해야 하는 우리 마음이 사랑하지 못할 때, 그 갈급함은 이루 말할 수 없이 큽니다. 정말이지 우리 인간은 사랑을 얼마나 갈구하는지 모릅니다. 그래서 인간은 그 무엇을 가져도, 사랑을 얻지 못하면 결코 만족할 수 없는 것이지요. 그 외의 모든 것들은 다 사랑의 대용품일 뿐이니까요. 사랑 대신 다른 걸로 위로 받으려 해 보지만, 그건 근본적인 해결책이 아니니까요.

이처럼 우리 영혼은 사랑에 대한 뜨거운 굶주림과 갈망이 있습니다. 남녀노소, 빈부귀천을 막론하고 모든 인간은 사랑을 갈구합니다. 그것은 부인할 수 없는 우리의 본성입니다. 인간에게 있어서 사랑은 선택이 아닌 필수입니다. 하나님께서 인간을 그렇게 만드셨기 때문입니다.

하나님께서는 사랑을 아예 모르고 살기보다 좀 부족한 사랑이라 할지라도, 사랑하는 걸 소중히 여기십니다. 설사 그게 미성숙한 사랑이거나 아픈 사랑, 심지어 창녀의 사랑이라 할지라도 말이죠. 왜냐구요? 그 이유는 '사랑이 바로 생명'이기 때문입니다. 인간에게 사랑이 없으면, 하나님께서 천하보다 귀하게 여기시는 우리의 생명, 그토록 소중한 생명이 아프게 되고, 결국엔 죽어가게 되기 때문이지요.

## 2) 사랑의 중도포기자들

그런데 문제는 우리 모두가 사랑을 할 수 없는 낙오자요, 중도포기자라는 사실입니다. 여러분 중에는 '사랑의 중도포기자'라는 말에 대해 본인은 여기에 해당되지 않는다고 생각하는 분도 계실 겁니다. 하지만 여러분의 사랑의 겉모습이 어떠하든, 우리 모두는 '사랑의 중도포기자'인 게 사실입니다. 왜 그럴까요?

우리 모두는 사랑하길 원하고, 실제로 사랑하기도 하지만, 문제는 우리 마음에 우리가 원하는 만큼 사랑이 채워지지 않는다는 사실입니다. 게다가 더 큰 문제는, 우리 마음에 원하는 만큼 사랑이 채워지지 않을 때, 그 후유증이 남는다는 거죠. 무슨 후유증이냐고요? 바로 '버림받음의 상처'입니다. 모든 생명체는 사랑을 갈망하기에, 사랑이 채워지지 않을 때, 버림받음이라는 상처가 남게 되는 거죠. 이때, 사랑에 대한 갈망은 우리가 의식할 수 있지만, 버림받음의 상처는 우리의 무의식으로 들어가 꼭꼭 숨어버립니다. 그래서 우리는 자기 나름대로 사랑을 갈구하면서, 열심히 사랑하려 하지만, 무의식 속에 숨어있는 버림받음의 상처가 사랑을 방해하기 때문에 사랑을 중도에서 포기할 수밖에 없는 것이죠. 즉 아무리 사랑을 갈망하며, 노력하고 애쓴다 하더라도, 그러면 그럴수록 버림받음의 상처가 점점 더 깊어질 뿐입니다. 우리 모두 사랑의 상처를 갖고 있기에, 사랑을 하는 데 한계가 있고, 사랑을 하면 할수록 점점 더 아파지는 거죠. 사랑을 그토록 갈구하지만, 사랑할 수 없다는 것! 이것이 바로 사랑의 아이러니이자, 인간이 갖고 있는 가장 근원적 문제입니다.

이렇게 우리가 사랑을 원하지만 사랑하지 못하니, 우리 마음속에서는 사랑에 대한 굶주림이 점점 더 커져만 갑니다. 하지만 이 굶주림은 오히려 사랑을 더 방해할 뿐입니다. 끊임없이 사랑을 받으려는 욕심이 도리어 사랑을 방해하는 거죠. 그래서 더 굶주리게 되고, 이번엔 그로 인해 분노까지 생겨납니다. 그러면 그 분노가 또 사랑을 방해하지요. 그래서 사람들은 진정으로 사랑하기를 포기합니다.

인간은 이처럼 진정한 사랑을 하기엔 너무 아파서, 그저 어설프게 사랑을 흉내내면서 그게 사랑인 줄 착각하며 삽니다.

즉 가요나 TV, 영화 등에 나오는 사랑을 흉내낼 뿐이죠. 일시적으로 로맨틱한 사랑의 감정에 빠져, 사랑하는 이에게 예쁘게 보이려고 화장을 하고, 옷을 차려입고, 선물을 주고받고, 손으로 하트 표시를 하고, 이모티콘을 날리고, 달콤한 말을 속삭이고, 때로는 상대방을 위해 봉사와 희생까지 감수해 가면서 자신이 사랑을 하고 있다고 착각하지만 그건 진정한 사랑이 아닙니다.

꼭 남녀간의 사랑만 그런 것이 아닙니다. 신앙인들도 늘 '하나님은 사랑이시다'라고 말하면서, 봉사와 선교 활동 등을 통해 자신이 하나님을 사랑한다고 착각하며 삽니다. 언뜻 보면 이런 사람들은 사랑을 포기하지 않은 것 같아 보입니다. 사랑을 갈망하며, 열심히 사랑하고, 그 사랑에 기뻐하니까요. 하지만 문제는 이들도 실제로 '마음을 열고' 사랑을 하지는 못한다는 거죠. 왜냐고요? 우리가 마음을 여는 순간, 우린 곧 아픔을 느끼게 되기 때문입니다. 그래서 겉으로 사랑을 흉내내며, 사랑한다고 착각하고 살지만, 그렇게 사랑한 후 결국엔 다시 공허감을 느끼는 것입니다. 그래서 더 자극적이고 환상적인 사랑을 갈망하는 거고요. 마치 개츠비처럼 말이죠. 하지만 아무리 애써도 원하는 만큼 사랑을 채울 수가 없습니다. 마음을 다 열지 않았기 때문입니다. 또 어떤 경우에는 내가 사랑한 사람에게 배신을 당하기도 합니다. 일부 연예인들은 악플에 상처를 입어 아픔을 견디지 못하고 생을 포기하기도 하죠.

우리가 꼭 이렇게 극단적인 선택을 하지는 않는다 하더라도, 그 다음부터 사랑을 할 때엔 마음을 꼭 닫은 채, 대충 사랑의 흉내만 내게 됩니다. 이것은 진정한 사랑이 아니죠. '타협적 사랑, 조건적 사랑', '미운 정 고운 정의 사랑' 또는 '기브 앤 테이크의 사랑'입니다. 크게 기쁘고 흥분되는 사랑은 아니지만, 그나마 안정적으로, 안전하게 하는 사랑이기에 많은 사람들이 결혼생활이나 신앙생활에서, 배우자 또는 하나님과 사랑하는 데 이러한 타협점에 머무릅니다. 물론 그러다가 때로는 조금씩 마음이 열려, 사랑을 시도해 보기도 하지만, 진정한 사랑으로 들어가기란 여간 어려운 게 아니죠.

그런데 과거에 사랑으로 큰 상처를 입은 적이 있는 사람들은 이조차 쉽지 않습니다. 그들은 사람을 싫어하고 멀리합니다. 피해의식과 분노로 가득 차 있기 때문입니다. 이처럼 사랑의 상처가 있는 사람들은, 또 다시 똑 같은 상처를 입지 않으려는 마음에 자신을 보호하고 방어합니다. 그리고 마음에 자물쇠를 채워버리는 거죠.

### 아가서의 황금마차 1호

## 인간 사랑의 딜레마

사랑을 갈구한다 → 그래서 사랑한다 → 하지만 원하는 만큼 사랑이 채워지지 않는다 → 그로 인해 ① 버림받음의 상처가 남는다 → 여전히 사랑을 갈구한다 → 그래서 다시 사랑을 한다 → 이번엔 ① 버림받음의 상처까지 가세해 사랑을 더 방해한다 → 여전히 사랑이 채워지지 않는다 → 그 결과 사랑에 대한 ② 굶주림이 생긴다 → ① 버림받음과 ② 굶주림이 사랑을 또 방해한다 → 여전히 사랑이 채워지지 않는다 → 그래서 ③ 분노까지 생긴다 → ① 버림받음, ② 굶주림, ③ 분노가 사랑을 더 방해한다 → 사랑이 채워지지 않아 공허감을 느낀다 → 더 자극적이고 환상적인 사랑을 갈구한다 → 하지만 마음을 열고 사랑하려면 너무 아프니 마음을 닫고 사랑하는 흉내만 낸다. 즉 사랑을 중도포기한다.

그런데 여기에 한 가지 문제가 더 있습니다. 그것은 나뿐만 아니라, 모든 사람들이 다 사랑의 중도포기자라는 거죠. 이렇게 사랑할 수 없는 사람들끼리 사랑을 해 봤자, 사태가 점점 더 악화될 뿐입니다. 소경이 소경을 인도하는 격이지요. 그래서 인간은 사랑을 할수록 점점 더 아파지는 것입니다.

그럼 어떻게 해야 할까요? 우리는 그냥 사랑을 포기할 수밖에 없는 걸까요? 해답은 단 한가지, '사랑의 중도포기증'이라는 병을 먼저 치유 받아야 한다는 것입니다. 그러지 않고서는 아무리 소중한 사랑을 부어주어도 다 깨뜨리고 쏟고 짓밟아, 그 소중한 사랑을 누리지 못하니까요. 사랑한다고 착각하면서 사랑의 흉내만 내는 걸로 끝나니까요. 그것은 적당히 타협하는 사랑, 굳어진 사랑, 멈추어진 사랑으로, 한 마디로 '생명력이 없는 사랑'이라고 할 수 있습니다. 진정한 사랑이 아니라는 거죠. 이것이 바로 범죄한 인간들이 겪는 사랑의 딜레마요, 끊임없는 악순환입니다. 물론 이 말에 대해 다음과 같이 반박하는 분도 계실 것입니다.

"아니야. 내 사랑은 진정성이 있어. 생명력이 있다구! 난 내가 사랑하는 사람에게 늘 따뜻한 말과 친절한 행동을 보여주는 걸? 이 로맨틱한 감정이 내 심장을 뛰게 만드는 걸? 내 마음을 행복하게 해주는 걸? 그런데도 내 사랑이 가짜라고?"

과연 그럴까요? 여러분의 사랑이 진정한 사랑이라고 정말 확신할 수 있나요? 이 질문에 대답하기에 앞서, 먼저 진정한 사랑에 관한 정의부터 살펴봐야 할 것 같군요. 진정한 사랑에 대한 정의 역시 성경에 분명히 나와있습니다. 바로 그 유명한 고린도전서 13장-사랑 장-에 말이죠.

⁴⁻⁷사랑은 절대 포기하지 않습니다.

사랑은 자기보다 남을 더 생각합니다.

사랑은 자기가 갖지 못했다고 해서 괜한 욕심을 부리지 않습니다.

사랑은 생색내지 않습니다.

사랑은 잘난 척하지 않습니다.

다른 사람들에게 강요하지도 않고,

항상 '나 먼저!'라고 요구하지도 않습니다.

화 내지도 않고,

다른 사람의 죄를 기억하여 일일이 따지지도 않고,

다른 사람이 내게 굽신거린다고 으스대지도 않고,

진리가 꽃 피울 때 기뻐합니다.

모든 것을 참아주고,

항상 믿어주며,

언제나 최선을 추구하고,

뒤돌아보지 않고,

끝까지 함께 갑니다.

⁸⁻¹⁰사랑은 절대 사라지지 않습니다. 감동적인 연설도 언젠가는 사라지고, 방언 기도도 언젠가는 끝이 나고, 이해력도 언젠가는 한계에 부딪칠 것입니다. 우리가 현재로서는 진리의 일부분 밖에 알지 못하고, 하나님에 대해 얘기하는 것도 완전할 수 없지만

언젠가 '완전'이 도래하면, 우리의 '불완전'은 사라질 것입니다.
¹¹내가 엄마 품의 젖먹이였을 때,
다른 아기들처럼 나도 옹알이나 했었지만,
내가 성장한 후에는 그런 어린아이 짓을 영원히 버렸습니다.
¹²지금은 비록 우리가 명확히 볼 수 없고,
뿌연 안개 속에서 곁눈질하며 안개 속을 들여다보지만,
곧 날씨가 좋아지고 햇빛이 찬란히 비칠 때가 올 것입니다.
그때에 비로소 우리는 하나님께서 우리를 보시듯이,
모든 것을 또렷하게 보고,
하나님이 우리를 아시듯 하나님을 직접 알게 될 것입니다.
¹³하지만 그 '완전'의 때가 오기 전까지,
당장은 우리가 할 일이 세 가지가 있습니다.
① 하나님을 굳게 믿기
② 흔들림 없이 소망을 붙들기
③ '심하다' 싶을 정도로 사랑하기
그리고 그 세 가지 중 최고는 사랑입니다.
- 고전 13:4~13 (유진 피터슨의 '메시지' 성경, 허계영 개인번역)

이제 위의 '진정한 사랑'의 기준으로 다시 한번 생각해 보세요. 아직도 자신있게 '내 사랑은 진짜야!'라고 말할 수 있나요? 성경에서 말하는 위와 같은 내용에, 우리의 영혼과 마음과 몸이 전인적으로 참여하는 것이 진정한 사랑인데도요? 진정한 사랑은 아주 작게 시작한다 하더라도, 점점 더 발전되고 성숙되어 갑니다. 그 안에 생명력이 있기 때문이죠. 이러한 발전과 성숙이 없이 멈추어진 사랑이라면 그것은 생명력 없는, 생명을 살릴 수 없는 '가짜 사랑'에 불과한 것입니다.

### 아가서의 황금마차 2호

## 사랑을 공부하기 전, 먼저 해야 할 마음 공부
## - 인간 원(原)마음의 3대 본질

그렇게도 완벽하던 에덴동산에서, 아담과 하와는 하나님과 더불어 완벽하게 행복했습니다. 물론 사람은 원래부터 완벽한 존재가 아니었습니다. 피조물이기 때문이지요. 다만 피조물인 사람에게, 완벽하신 창조주 하나님께서 함께 하셨기에, 사람도 더불어 완벽해질 수 있었던 거죠.

그런데 사람이 범죄하자, 하나님께서는 죄와 함께 하실 수 없다는 '거룩의 속성' 때문에 어쩔 수 없이 사람을 떠나셔야만 했고, 그 결과, 아담과 하와에게는 어마어마한 트라우마와 상처가 남게 되었습니다. 그들이 하나님과 함께 했기에 누릴 수 있었던 것들을 한순간에 다 잃고 말았던 거죠. 그 중에서도 특히 하나님의 3대 속성인 사랑, 능력, 의(義), 이 세 가지가 사람에게서 떠나가면서 사람에겐 이루 말할 수 없이 처참한 흔적이 남게 되었습니다. 다시 말해, 하나님의 사랑이 떠났으니 버림받음의 상처를 입게 되었고, 하나님의 능력이 떠났으니 무력감(열등감)의 상처를 갖게 되었으며, 하나님의 의(義), 즉 존귀함이 떠났으니 죄인이라는 의식, 즉 정죄감(죄책감과 무가치함)의 상처가 남게 된 거죠. 그리고 아담과 하와가 입었  던 이러한 상처는 그 후손들인 온 인류에게 대대로 전해져 내려와, 인간의 3대 본질이 되었습니다. 놀랍게도 사람이 너무 큰 상처(트라우마)를 입게 되면, 그 상처를 기억해서 후세대에게 '이런 상처를 다시 받지 않도록 조심하라'는 싸인을 전수한다는 사실이 현대의 후성유전학에서 입증되었습니다. 즉 '정신적'인 트라우마가 우리 신체내에서 단백질로 '육화(구조화)'된다는 것이죠. 그래서 아담과 하와가 지었던 원죄로 인한 상처는 우리 몸과 마음 속에 깊이 새겨져 있고, 수많은 세월이 흘렀음에도 불구하고 우린 여전히 그 상처에서 벗어날 수 없는 것입니다.

◆ 하나님(창조주)의 3대 본질 : 사랑, 능력, 의(義)
◆ 범죄한 인간(피조물)의 3대 본질 : 버림받음, 무력감, 정죄감

아가서의 황금마차 3호

## '버림받음'에서 자유로울 사람은 아무도 없다!

'인간은 과연 무엇을 위해 살아가는가?'라는 근본적인 질문에 대해 우리는 어떤 답을 할 수 있을까요? 자아실현을 위해? 더 나은 사회를 위한 이상을 구현하기 위해? 물론 우리는 이런 교과서적이고 모범적인 대답을 하며, 무언가 고상하고 확실한 목표를 위해 산다고 말할지 모르겠습니다. 그러나 실제로 '내가 아침에 일어나서부터 하루 종일 행동하는 대부분의 동기가 무엇인지'를 한번 깊이 생각해 보세요. 여성들은 보통 아침에 일어나 가장 먼저 하는 일이 씻고 화장하는 일일 것입니다. 특별히 직장도 없고, 만날 사람이 없는데도 밖에 나갈 때는 꼬박꼬박 화장을 하는 여성들이 많죠. 남성들은 아침에 눈을 뜨자 마자 아침도 먹는 둥 마는 둥 정신없이 직장으로 향합니다. 때론 너무나 졸리고 피곤해, 반쯤 감긴 눈을 비벼가면서도 어떻게든 버스나 지하철에 몸을 싣습니다. 아이들은 아이들대로 공부에 전혀 뜻이 없어 자기가 학교에 왜 가는지조차 모르면서도 남들이 학교 가는 시간에 맞추어 책가방을 챙겨 학교로 향합니다.

이와 같이 우리의 일상을 간단히 묘사한 풍경만 봐도, 우리는 거의 본능적으로 다른 사람들을 의식하고 살아간다는 사실을 알 수 있습니다. 이런 행동의 기저에 있는 인간 행위의 동기는 과연 무엇일까요? 왜 우리는 다른 사람들이 나에 대해 어떻게 생각하는지에 대해 이토록 많은 신경을 쓰며 살아가는 걸까요? 그 이유는 우리가 다른 사람들에게 소외되고 버림받고 사랑받지 못할 것을 염려하고 두려워하기 때문입니다.

물론 우리는 이렇게 자신의 행동을 지배하는, 자기 마음 속 깊은 곳의 두려움을 매순간 의식하며 살지는 않습니다. 하지만 우리 마음의 밑바닥까지 내려가 보면 우리 행동의 대부분이 '버림받지 않고자 하는 마음'에 의해 지배되고 있다는 것을 알 수 있습니다. 우리는 끊임없이 '내가 이걸 해야만 버림받지 않을 것 같아'라든가 '사람들이 나를 무시하지 않을까?' 또는 '이 정도는 해야 사람들이 나를 인정해 주지 않을까? 나를 좋아해 주지 않을까?' 등을 염려하며 어떤 일을 하거나 하지 않는 경우가 대부분이죠.

이처럼 다른 사람들에게 버림받지 않을 뿐만 아니라, 더 인정받고 사랑받고 싶다는 동기에서 나온 분투와 노력이 우리 인생의 거의 대부분을 차지한다 해도 과언이 아닙니다. 단지 생존만을 위해서라면 우리는 그렇게 많은 것들이 필요치 않을 것입니다. 그러나 다른 사람들에게 더 인정받고, 사랑받고 싶은 마음에, 또 버림받지 않으려는 마음에 우리는 하루도 편할 날 없이 고민하고 애쓰며 살아가고 있는 것이죠. '나는 더 예뻐져야 해. 날씬해져야 해. 공부도 잘해야 해. 돈도 많이 벌고 옷도 잘 입어야 해. 유머감각도 있어야 해'라는 생각들도 다 혹시나 버림받지 않을까 두려워하는 마음에 기인된 것들이 대부분입니다. 그래서 우리는 끊임없이 남들과 비교하면서, 스스로를 가만히 놔두지 못하고 계속해서 몰아세우며 전전긍긍하지요.

그런데 놀라운 것은, 실제로 버림받음을 경험한 적이 없는 사람들조차 버림받음에 대해 아주 예민하게 반응한다는 사실입니다. 그러니 버림받음의 아픔을 직접 겪은 사람은 오죽할까요? 어릴 적 버림받은 경험이 있는 사람은 그 상처가 그의 전 생애를 지배할 정도의 큰 고통으로 남게 됩니다. 어린시절, 부모로부터 버림받거나 학대를 받은 경우, 훗날 안전하게 보호받는 환경에 처하게 되었다 하더라도, 자신이 버림받았다는 기억으로 인해 얼마나 큰 정신적인 고통을 느끼며 살아가는지 모릅니다.

학창시절 왕따를 당했던 경험이 가장 아픈 기억으로 남아 있는 사람들도 많습니다. 내가 친구들 사이에 끼지 못함으로써 느꼈던 소외감과 외로움, 그 고통의 화살이 마음에 박혀 평생토록 아픔에서 벗어나질 못하는 거지요.

이처럼 모든 인간이 버림받음에 대해 지나칠 정도로 예민한 이유는, 인간의 원마음에 버림받음의 고통이 이미 존재하고 있기 때문입니다. 인간이 태어나서 실제로 죄 된 행위를 저지르기 전에, 모든 인간에게 아담의 원죄가 있듯이, 모든 인간의 마음 속엔 아담의 죄로 인해 하나님께 버림받았던 기억이 남아있습니다. 그리고 우리 마음에 각인된 이 버림받음의 기억이 우리로 하여금 작은 버림받음의 사건조차 견딜 수 없이 아프게 느끼게 만드는 것이랍니다.

— 이성훈 저, '하나님 마음 만나기'에서 발췌

# 07
## 하늘나라 왕자님과의 소개팅

아가서 1장은 '예수님과 우리 인간의 사랑이 어떻게 시작되는 가'를 보여줍니다. 두 사람 사이에 사랑이 싹트려면, 먼저 서로 소개를 받아야겠죠? 그래서 1장은 예수님과 인간의 소개팅 이야기랍니다. 앞에서 사랑의 중도포기자인 우리 인간끼리는 아무리 사랑을 해 봤자 결국 아픔만 겪게 된다고 했지요. 그런데 너무나 놀랍고도 기쁜 소식이 있습니다! 그것은 하나님의 아들이 우리의 아픈 마음을 치유해 주시면서, 동시에 우리의 사랑의 대상이 되어 주신다는 사실입니다! 가까이 다가갈수록 서로에게 아픔만 주던 우리에게 어느 날 중매쟁이(전도자)가 와서 말합니다.

"너를 치유해줄 수 있는 의사이면서, 너와 사랑을 나눌 수 있는 건강한 분이 계신데, 그분이 누군지 아니? 바로 하늘나라 왕자님이셔. 그런데 그분이 너를 만나기 위해 우리 지구별에 오셨다지 뭐니? 너 그분 한번 만나 보지 않을래? 소개팅 한번 해 보지 그래?"

우리가 비록 겉으로는 다 점잖게 보이지만, 우리 영혼은 너무나 굶주려 있어서 누구나 사랑이라는 음식을 간절히 원하고 있지요. 하지만 우리는 위장병이 있어서 음식을 먹어 봤자 다 토해내고 점점 더 아파질 뿐입니다. 그런데 누군가가 내 위장병을 먼저 고쳐주고, 그 다음에 먹을 것을 주길 간절히 바란다는 거예요. 이거야 말로 정말 희소식이 아닌가요? 복음 중의 복음이죠!

소개팅 이야기는 다음과 같이 전개됩니다. 먼저 사랑을 갈구하는 우리의 고백으로 시작되지요. 우리의 영혼은 사랑을 간절히 원하고 있습니다. 우리 모두는 사실 이러한 사랑을 갈구하며 결혼하지요. 하지만 사랑의 중도포기자요, 낙오자에 불과한 우리는 본질적으로 사랑할 수 없는 존재이기에, 결혼생활이 그렇게 우리가 꿈꾸는 것처럼 분홍빛으로만 흘러가지만은 않는 게 사실입니다. 우리는 이러한 한계를 인정해야 합니다.

그런데 나와 진정한 사랑을 나눌 수 있는 분이 오신다니, 이게 꿈인지 생시인지…. 큰 설레임으로 기다리는 거죠. 다음 성경 본문은 하늘나라 왕자님을 사모하며 기다리는 지구별 시골 소녀의 고백입니다.

### 지구별 시골소녀

2-3 내게 입맞춰 주세요. 숨막힐 듯 입 안 가득 키스해 주세요!

그래요! 내 님의 사랑은 포도주보다 더 달콤하게,

향유보다 더 진하게, 날 취하게 만든답니다.

4 그대여, 저를 데려가 주세요! 둘이서 함께 달아나요!

나의 사랑, 나의 님과 사랑의 도피를!

함께 기뻐하고, 함께 노래해요.

우리 함께 아름다운 음악을 연주해요.

그래요, 내 님의 사랑은 최고급 포도주보다 더 달콤하답니다.

모든 사람이 다 내 님을 사랑하죠.

그럼요, 어떻게 안 그럴 수가 있겠어요? - 아 1:2~4

지구별 시골소녀는 하늘나라 왕자님이 자기와 소개팅하러 온다는 소식에 깜짝 놀라 기뻐하지만, 그것도 잠깐…. 자기 자신의 비천하고 남루한 모습을 돌아보고는 곧 좌절하고 맙니다.

물론 여러분 중에는 자신을 '차도녀(차가운 도시 여자)'라고 생각하는 분들도 있을 것입니다. 하지만 비록 지금 도시에서 화려하고 세련되게 살고 있다 하더라도, 우리 모든 인간의 마음속에는 촌스럽고 열등한 시골소녀의 모습이 숨겨져 있습니다. 왜냐하면 인간이라면 누구나 어렸을 때, 힘없고, 연약하며, 무지하고, 두려웠던 경험들이 있기 때문입니다. 그래서 평상시에는 당당하고 자신만만하던 사람도 특별히 중요한 순간(자기가 정말 좋아하는 사람이 나타났다거나, 정말 중요한 일을 앞두고 있을 때 등)이 닥치면, 깊이 감춰져 있던 부끄럽고 열등한 마음이 나타나 움츠러드는 것이죠.

이렇게 열등하고 촌스러운 시골소녀인 우리가 사랑을 향해 달려갈 때, 우리 뒤에서 발목을 잡는 게 있습니다. 그것은 바로 '네 주제에 무슨 사랑이야? 헐~ 너 따위가?! 넌 사랑할 수 없어!'라고 속삭이는 우리 내면의 목소리지요.

### 지구별 시골소녀

5-6 내가 비록 풍파에 시달렸지만 난 여전히 우아하답니다.
오, 친애하는 예루살렘의 여인들이여,

내가 비록 모진 풍파에 시달려, 게달 사막의 텐트처럼 검어졌지만,
오히려 그 풍파로 인해 솔로몬 성전의 커튼처럼 부드러워졌다오.
내 피부가 검다고, 내 살갗이 작렬하는 태양빛에 그을렸다고
날 우습게 보지 마세요.
우리 오빠들이 날 구박하며 밭에 일하러 보내서 그런 거라구요.
오빠들이 날 보내어 밭을 가꾸게 해서 그런 거라구요.
그래서 내 얼굴 가꿀 틈이 없었을 뿐이라구요. - 아 1:5~6

하지만 소녀는 다시 용기를 내어 왕자님을 만나러 갑니다. 너무 부끄러워서 얼굴을 가릴 수밖에 없던 소녀가 '그분은 나를 속속들이 다 알고도 나를 이해해주시면서, 아픈 나를 치유해 주실 거야. 나를 있는 모습 그대로 사랑해 주실 거야'라며 가까스로 용기를 내어 당당히 얼굴을 드러내고(자기가 밭일을 하느라 외모를 못 가꾸어 이런 것이지, 사실은 여전히 우아하다면서) 그분을 만나 사랑해 보겠노라고 결심합니다.

소개팅 장소는? 바로 왕자님이 계신 곳, 왕자님이 양떼를 먹이고 쉬게 하는 곳이군요.

### 지구별 시골소녀

⁷왕자님이 어디에서 양떼를 먹이는지,

정오 휴식 시간에 양떼를 어디에서 쉬게 하는지 알려주세요.

내가 왕자님의 따뜻한 돌봄의 울타리 안에 들지 못한 채,

이렇게 홀로 버려질 수는 없으니까요. - 아 1:7


한편, 하늘나라 왕자님은 어떤 마음으로 이 소개팅에 나오실까요?

### 하늘나라 왕자님

⁸모든 여인 중에 가장 사랑스러운 그대여,

그대가 날 찾지 못한다 해도 걱정 말아요.

그저 그대의 양떼와 함께 머물러 있으면 돼요.

그대의 어린양들을 푸른 풀밭에 데려가

목동 친구들과 함께 지내고 있으면 돼요.

⁹⁻¹¹그대를 보니 잘 길들여진 파라오의 부드러운 암말이 생각나네요.

찰랑거리는 귀걸이는 그대 **뺨**의 우아함을 더해 주고요,

반짝이는 목걸이는 그대의 목선을 돋보이게 해 주는군요.

내가 금은 보화로 그대를 위한 장신구를 만들고 있어요.

그대의 아름다움을 더 선명하고도 더 돋보이게 해 줄 보석을

내가 준비하고 있답니다. - 아 1:8~11

지구별 시골소녀는 자신의 비천함이 부끄러워 얼굴을 가리려 하지만, 하늘나라 왕자님이 소녀를 부르는 첫마디는 '모든 여인 중에 가장 사랑스러운 그대여(loveliest of all women, 가장 아름다운 여인이여 most beautiful woman)'입니다. 놀라운 것은, 이것이 은유나 상징이 아니라는 사실입니다. 하늘나라 왕자님 눈에는 비천한 시골소녀가 실제로 그렇게 사랑스럽게 보인다는 거예요. 우리도 잘 알다시피, 우리가 그렇게 가장 사랑스럽고 아름답지는 않잖아요?^^ 그런데 예수님은 이런 우릴 왜 가장 예쁘다고 하시는 걸까요?

그것은 바로 예수님이 우리를 사랑의 눈으로 보시기 때문입니다. 사랑하면 뭐든 예뻐 보이잖아요? 사랑하는 아기가 얼굴에 아무리 더러운 걸 묻히고 있다 해도 부모의 눈에는 그저 예쁘게만 보이듯이 말이에요. 사랑 자체가 너무나 아름답기 때문에, 사랑에 빠지면 온 세상이 아름답게 보이는 거죠. 이렇게 사랑을 조금 흉내만 내는 우리도 사랑하는 사람이 그렇게 아름답게 보이는데, 하물며 완전하고도 진실한 사랑의 눈으로 우릴 바라보시는 예수님은 우리가 얼마나 아름다워 보이시겠어요?

마찬가지로 내 속에 하나님의 사랑이 있으면, 모든 사람들이 다 아름다워 보이기 마련입니다. 사랑에 눈이 머는 거죠. 아름다움의 안경을 끼고 보니까 온 세상이, 모든 사람이 다 아름다워 보이는 거예요. 많은 그리스도인들이 성령 세례를 받고

난 후, 똑 같은 세상인데도 갑자기 아름다워 보인다고 고백하는 것 역시 마찬가지 이치입니다. 그래서 예수님이 나를 '가장 아름다운 여인'이라고 부르시는 건 결코 거짓말이나 과장이 아닌, 엄연한 사실이고, 팩트인 것입니다.

또한 하늘나라 왕자님은 이 소녀를 보고 '잘 길들여진 파라오의 부드러운 암말'이 떠오른다고 말하는데, 이것은 사랑이 갖고 있는 젊음, 힘, 생명력, 원기왕성함 등의 속성을 의미합니다.

한편, 소개팅에서 만난 두 연인은 어느새 빠르게 진도를 나가고 있네요.

### 지구별 시골소녀

[12-14] 나의 사랑, 나의 임금님이 내 곁에 눕는구나.
방안 가득 향기가 진동하는구나.
내 님이 내 가슴에 머리를 파묻으니,
내 님의 머리에서 달콤한 몰약 향이 나는구나.
내 사랑하는 님은 들꽃으로 만든 부케,
엔게디 들판에서 오직 날 위해 꺾은 들꽃!

### 하늘나라 왕자님

[15] 오, 나의 사랑스런 친구, 정말이지 그대는 너무도 아름다워요!
그대의 눈망울은 비둘기처럼 아름답군요!

## 지구별 시골소녀

16-17 왕자님도요, 오, 내 사랑하는 님이여, 그대도 얼마나 멋진지!
우리가 함께 눕는 침대는 숲속 골짜기,
우리의 머리 위엔 백향목이 지붕처럼 드리워져 있고
향기롭고 푸른 잣나무가 우리 주위를 아늑하게 가려주네요.

사랑에 빠진 연인들은 같이 자고 싶어하고, 같이 살고 싶어 합니다. 여기 하늘나라 왕자님과 지구별 시골소녀 역시 첫 만남에서 벌써 푸르른 침상을 꿈꾸는군요. 백향목 지붕과 잣나무 담장으로 둘러싸인 '우리만의 집'을 생각하는 것입니다. 마음에 아픈 상처와 굶주림을 갖고 있는 우리는 이것을 환상이요, 망상이라 생각하지만, 진정한 믿음은 '예수님과 내가 이처럼 친밀한 사랑을 나눌 수 있다'는 사실을 믿는 것입니다. 내가 그분 눈에 '가장 아름다운 여인'이라는 걸 믿는 거죠. 우리 인간들끼리는 이런 사랑을 할 수 없지만, 예수님 안에서는 얼마든지 가능합니다. 이것을 동화나 소설이라고 생각하지 말고, 실제로, 현실로 받아들이시기 바랍니다. 치유하는 사랑, 건강한 사랑, 나를 최고로 봐 주는 사랑 앞에 왜 당장 달려가 와락 안기지 않으시나요?

― 아가서의 황금마차 4호 ―

## 예수님 눈에는 남자들도 다 여자

성경에는 '예수님은 우리의 신랑, 우리는 예수님의 신부'라는 표현이 많이 나옵니다. 아가서에서도 소녀는 우리 그리스도인들을, 왕자님은 예수님을 상징하지요. 이러한 표현에 대해 남성 그리스도인들은 '썩 와 닿지 않는다'라든가, '좀 불편하다'라는 반응을 보이기도 하는데요, 사실 이것은 영적인 세계의 특징을 성별을 비유로 들어 설명한 것뿐입니다.

전통적으로 남편은 아내를 사랑하고, 부양하고, 책임지며, 보호하는 역할을 해 왔습니다. 가장으로서 유사시에는 목숨을 바쳐서라도 가족을 지키는 게 남편의 역할이죠. 예수님께서도 우리 성도들에게 바로 그런 역할을 해 주시기에, 성경은 예수님을 우리의 영적인 신랑으로 표현하는 것입니다. 목숨까지 바쳐서 아내를 사랑하는 남편, 그리고 그 사랑에 감격해 남편에게 순종하는 아내, 이것이 바로 그리스도와 성도들의 관계니까요.

# 08

## 환상적 사랑
– 애써 찾아낸 사랑의 타협점

예수님은 우릴 향해 건강하고 순수한 사랑을 해 주시지만, 우리는 사랑의 중도포기자요, 낙오자입니다. 그러기에 믿음으로 예수님께 달려 가다가도 다시 움찔움찔 망설이지요. 과거의 어두운 상처가 발목을 잡기 때문입니다. 그래서 시골소녀와 왕자님은 이런 말을 주고받습니다.

### 지구별 시골소녀

<sup>1</sup> 나는 샤론의 들판에서 꺾은 한 송이 들꽃
깊은 골짜기 연못에 피어난 한 송이 백합화

## 하늘나라 왕자님

²마을 여인들 가운데 나의 사랑하는 친구는
가시나무 늪지에 피어나는 한 송이 백합화 - 아 2:1~2

드디어 오랜 꿈이 현실로 이루어지는 순간, 그토록 원하던 사랑을 누려야 할 순간이 되었습니다. 내가 '백합화'처럼 순결하고 아름다워지는 순간이죠. 그런데 이 백합화가 왕궁의 정원에 피어 있는 게 아니네요. 안타깝게도 이 백합화는 '골짜기와 가시나무 가운데' 외롭게 피어 있군요. 이것은 갈팡질팡 주저하는 사랑을 의미합니다. 그 사랑을 이루기 위해서는 험난한 고난의 길, 찔리고 아픈 가시밭 길을 가야 한다는 겁니다. 사랑은 나의 육신뿐만 아니라, 내 마음과 영혼이 전인격적으로 하나되어 누리는 것이지요. 그래서 내 영혼이 사랑을 하기 위해 나오려 하는데, 그 통로가 너무도 황량하고 아프더라는 거예요. 사랑이 너무 좋아서 달려가지만 이내 고난과 아픔이 시작된다는 거죠. 부딪치고, 찔리고, 깨지고…. 이것은 흡사 예수님께서 잃은 양 한 마리를 찾기 위해 골짜기와 가시밭 길을 통과해 오시는 모습과도 비슷하군요.

## 지구별 시골소녀

³⁻⁴ 숲 속의 살구나무가 유독 돋보이듯

> 내 님은 마을 남자들 가운데 눈에 확 띈답니다.
> 나에게 소원이 있다면, 그것은 오직 그대의 그늘에 앉아
> 그대의 달콤한 사랑을 맛보며 음미하는 것
> 나의 님이 나와의 만찬을 즐기려고 날 집으로 데려갔지만
> 내 님의 눈길은 오직 내게만 머물러 있구나 - 아 2:3~4

이렇게 인간들은 사랑을 할 것인가, 말 것인가… 망설이다가 적당한 대용품을 찾습니다. 즉 환상적인 사랑을 선택하는 거죠. 실제로 하는 사랑이 아니라, 꿈속에서 환상으로 하는 사랑 말입니다. 뜨겁게 사랑하고 싶지만 실제로 사랑하는 것이 너무나 두렵고 불가능하게 느껴지니… 어쩔 수 없이 환상적인 사랑을 택하는 거예요. 즉 동화, 소설, 드라마, 영화, 가요 등을 통해 '가상의' 환상적 사랑을 합니다. 마음은 당장이라도 사랑의 대상을 향해 달려가고 싶지만, 자기의 병든 마음 때문에 다가가지 못하니 그렇게 차선책이라도 찾는 거죠. 가상의 환상적 사랑을 통해 자기의 굶주림을 채우는 것입니다. 하지만 이것은 실제 인격적인 사랑이 아니죠. 사랑의 대상이 실제로 자기 눈 앞에 있지 않지만, 그를 상상하면서, 자기를 위로할 뿐이죠. 이처럼 환상적 사랑을 선택한 소녀의 고백을 들어볼까요?

## 지구별 시골소녀

[5] 오! 기운 차릴 음식을 어서 주세요!
건포도든, 사과든, 그 무엇이든….
난 사랑에 취해 병이 날 것만 같아! - 아 2:5

원래 사랑을 하면 힘이 나는 법! 밥을 먹지 않아도 배고픈 줄 모르고, 밤새 연애편지를 써도 피곤하지가 않죠. 그런데 위의 본문에서는 소녀가 힘이 빠져 건포도를 찾습니다. 속이 답답해 시원한 사과를 찾습니다. 아니, 이런 놀라운 사랑을 찾은 소녀가, 마침내 기쁨과 행복이 보장된 상태에서, 왜 갑자기 무기력해지고 속이 답답한 우울증이란 병에 걸린 걸까요?

이것은 진실한 사랑으로 나아가는 필수 과정입니다. 진실한 사랑의 과정에는 반드시 우리 내면의 아픔이 드러나는 단계가 있습니다. 그래서 사람들 중에는 이 아픔이 드러나는 것이 무서워 사랑을 아예 시도조차 안 하는 이들도 있지요. 하지만 모든 아픔이 그렇듯이, 먼저 아픔을 드러내야, 고칠 수 있습니다. 그래서 처음부터 사랑을 그냥 회피해 버리는 것은 사실 더 큰 문제입니다. 모든 인간의 사랑은 아픔, 슬픔, 고통을 겪는 게 정상적 과정이란 사실을 먼저 인정해야 합니다. 앞에서 말한 것처럼 '골짜기와 가시밭길'을 걸어 나와야 한다는 말입니다.

## 지구별 시골소녀

<sup>6</sup>그대 왼손으로 내 머리를 감싸 안고,

그대 오른손으로 내 허리를 껴안네

<sup>7</sup>오, 예루살렘 여인들이여,

내가 가젤과 들사슴을 걸고 그대들에게 부탁할게요.

때가 무르익기 전, 준비가 되기 전에는

우리의 사랑을 흔들지도, 깨우지도 말아 주길 - 아 2:6~7

비록 환상적 사랑이지만, 소녀는 그 사랑의 뜨거움에 빠졌습니다. 그러면서 '때가 무르익기 전, 준비가 되기 전에는 자기의 사랑을 흔들지도, 깨우지도 말아 달라'고 하네요. 여기에서 '깨우지 말라'는 것은 소녀의 사랑이 한낱 꿈에 불과하다는 것을 암시하고 있습니다. 자기가 사랑하는 사람이 실제로 자기를 원하기 전, 즉 실제로 사랑이 일어나기 전에는 이 환상의 사랑에서 깨어나고 싶지 않다는 마음을 표현하고 있는 것이죠. 우리는 이처럼 누군가를 사랑할 때(그 대상이 예수님이든, 이성이든) 환상으로 시작합니다. 사랑의 중도포기자인 우리는, 환상이 아니고서는 사랑을 아예 시작조차 할 수 없으니까요. 생판 모르는 남녀가 뜨겁게 사랑하여 평생을 같이 하겠다고 하다니… 이건 사실 말도 안 되는 미친 짓이죠. 바로 환상입니다. 내 인격, 내 영혼이 실제로 그를 사랑하는 게 아니라, 환상으로 사랑한다는 거죠. 그러다 '결혼생활'이라는 현실로 들어가면, 그 사랑은 깨질 수밖에 없는 거고요. 환상이 뭘까요? 그것은 자기의 문제와 굶주림을 해결해 줄 수 있는 상대를 통해 가상의 그림을 그리는 것입니다. 이렇게 환상은 사실을 왜곡합니다. 그래서 언젠가는 깨질 수밖에 없지요. 우리 모두는 결국 자기가 만든 허상과 결혼하는 거예요. 그리고 그 허상이 깨졌을 때, 실망과 갈등이 생길 수밖에 없지요.

인간은 본래 아픔과 두려움에 빠지면 현실을 왜곡하여, 믿고 싶은 것만 믿으려는 경향이 있습니다. 사기를 당하는 것도 다 이런 이유에서지요. 자기가 원하는 것만 보고 들으려 하기에 쉽게 속임수에 넘어가는 거예요. 내가 원하는 얘기를 해 주니까, 내 욕심을 건드리니까, 쉽게 속아 넘어가는 거예요. 사기꾼의 이야기를 전부 좋게 해석하면서, 자기가 만든 허상을 좇아가는 거죠. 그렇게 현실감각을 잃는 것입니다.

### 아가서의 황금마차 5호

# 예수님은 왜 우리를 단번에 치유해 주시지 않을까?

'사랑의 치유자'인 예수님께서는 '사랑의 중도포기자'인 우리를 한 단계, 한 단계 치유해 주시면서, 천천히 사랑을 이루어 나가십니다. 그렇다면 예수님께서는 왜 우리를 단번에 고쳐 주시지 않고 그렇게 오랜 시간에 걸쳐서, 단계별로, 천천히 고쳐 주시는 걸까요? 단번에 고쳐 주시면 모든 문제가 빨리, 완벽하게 해결되어, 우리가 사랑하는 데 별 어려움이 없을 텐데 말이죠?

예수님께서 우리를 단계별로, 천천히 고쳐 주시는 첫번째 이유는 '우리가 기계가 아닌 인격체'라는 사실 때문입니다.

만약에 교통사고가 나서 자동차가 폐차 직전까지 갈 정도로 심하게 망가졌다고 해 봅시다. 그럼 우린 수리업체에 자동차를 맡겨 모든 문제를 한꺼번에 해결하겠지요. 자동차는 이렇게 한꺼번에 수리가 가능합니다. 왜냐하면 기계이기 때문이지요.

또 우리가 교통사고를 당해 전신에 심한 부상을 입었다고 해 봅시다. 그때 우린 궁극적으로는 모든 다친 부위들에 대해 다 수술을 받아야 하겠지만, 우리 몸은 여러 부위를 동시에 다 수술할 수 없는 게 사실입니다. 우리 몸이 그

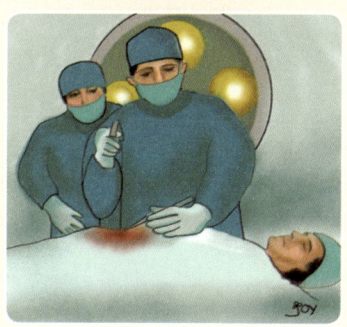

많은 스트레스를 한꺼번에 다 감당할 수 없기 때문이지요.

하물며 우리의 마음은 어떻겠습니까? 우리 마음에 우리의 인격이 담겨져 있기 때문에, 우리 마음 속 깊은 곳의 상처들을 한꺼번에 다 꺼내어 치료하려 든다면…, 우리 마음은 그 많은 충격과 스트레스를 도저히 감당할 수 없을 것입니다.

그래서 예수님께서는 행여 우리 마음이 아픔을 견디지 못하고 오히려 더 깊은 곳으로 꼭꼭 숨어버릴까 봐, 하나씩 하나씩 단계별로, 오랜 시간에 걸쳐 고쳐 주신답니다. 치유자이신 예수님도 이렇게 세심하게, 많은 배려를 해가면서, 인내심을 가지고 우리를 치료해 주시는데, 우리 역시 참을성 있게 이 치료과정에 동참해야겠지요?

그런가 하면 예수님께서 우리를 단계별로, 천천히 고쳐 주시는 두번째 이유는 '예수님의 치유 목표가 완치'이기 때문입니다. 예수님의 완치의 기준은 의학적인 완치와 전혀 다릅니다. 의학적으로는 '증상'이 사라졌을 때 완치 판정을 내리지만, 예수님은 '원인'이 사라졌을 때에 비로소 완치 판정을 내리시니까요.

우리 마음의 아픔이 당장 없어졌다고 하더라도, 그 원인이 완전히 제거되지 않았다면, 아픈 증상은 언제든지 다시 나타날 수 있는 것입니다. 즉 완치된 게 아니라는 뜻이지요. 우리 마음과 영혼의 아픔은 마치 양파껍질과도 같습니다. 그래서 우리가 겉으로 드러난 아픔을 십자가에 가지고 나아가, '예수님께서 이미 나의 아픔을 대신 감당하셨다'는 사실을 확인할 때에, 예수님께서는 우리의 상한 마음을 치유해 주십니다. 즉 양파껍질을 한 꺼풀 벗겨 주시는 것이죠. 하지만 곧 그 다음 양파껍질이 다시 드러나면서 우리는 또 다른 아픔을 겪게 됩니다. 그럼 또 다시 이 아픔을 십자가게 가지고 나아가 치유 받는 것이죠. 이러한 과정을 반복할 때에, 양파껍질이 점점 벗겨져 나가면서 우리 마음과 영혼의 병은 점차 사라져가는 것입니다. 사실 이것은 평생 계속해야 할 작업이지만, 이 작업을 멈추지 않고 매일매일 계속해 나갈 때, 결국 언젠가는 마지막 양파껍질까지 다 벗겨지면서 '완치 판정'을 받게 되는 것이죠.

많은 그리스도인들이 이 부분에 대한 오해를 갖고 있습니다. 마치 단 한 번의 십자가 연합, 단 한번의 내적치유로 본인의 모든 문제가 해결된 것처럼 생각하는데, 사실은 전혀 그렇지가 않답니다. '겉 치유'는 은사나 의학으로 어느 정도 가능한 게 사실이지만, 진짜 중요한 '속 치유'는 오직 복음에 대한 믿음으로만 가능하니까요. 즉 우리가 매일, 매순간 드러나는 아픔들을 가지고 예수님께 믿음으로 나아가 십자가와 연합할 때, 예수님께서는 양파껍질을 하나하나 벗겨 나가시듯, 우리의 아픔들을 단계별로 하나하나 치유해 주시는 것이랍니다.

# 09
# 아프지만 꼭 깨야 할 환상

진실된 사랑을 하려면 빨리 환상을 깨고, 현실로 돌아와야 합니다. 하지만 우리는 계속해서 환상에 집착하지요. 결혼생활에 있어서도 끝내 환상을 놓지 않으려 한다면, 그런 사람은 결국 파국으로 갈 수밖에 없습니다. 물론 환상은 사랑을 시작하게 하는 원동력으로, 일종의 필요악이라고도 할 수 있습니다. 그나마 환상이라도 갖고 있어야 사랑의 중도포기자인 우리가 사랑을 시작할 수 있으니까요. 그렇지만 그 환상에 집착한 채, 끝내 놓지 않으려 한다면, 환상과 현실이 충돌하면서 문제가 생길 수밖에 없습니다. 그래서 결혼 후, 그 환상이 깨지는 과정이 반드시 필요한 것입니다.

그런데 다행히도 예수님은 우리가 어떤 사랑으로 시작하는 지를 다 아시고, 용납해 주신답니다. 우리에게 치유와 사랑을 동시에 해 주시기 위해, 사랑의 초기 단계에서, 우리가 환상적 사랑으로 나아가는 것을 막지 않고 다 받아주시는 거죠. 베드로도 처음엔 환상으로 예수님을 사랑했어요. 그래서 그는 '무력하게 십자가를 지고 죽음의 길을 가겠다'는 예수님을 도저히 받아들일 수가 없었던 거예요. 하지만 그 일은 현실로 일어났고, 십자가 앞에서 베드로의 환상적 사랑은 결국 깨지고 말았습니다. 그 결과 예수님을 부인했던 것이지요. 그래도 예수님은 베드로를 용서하시고 회복시키신 후, 다시 들어 사용하셨어요. 비록 환상의 사랑, 미성숙한 사랑이라도, 그게 우리가 할 수 있는 최선의 사랑이자, 우리의 마음을 여는 소중한 수단이기에, 또한 예수님께 다가갈 수 있는 동력이기에, 예수님께서는 이처럼 우리의 환상적 사랑을 멸시하지 않고 다 받아 주시는 거랍니다.

### 지구별 시골소녀

[8]저길 봐, 잘 들어 봐, 내 연인이 오시잖아!

그분이 오시는 게 안 보이니?

산을 뛰어넘고 언덕을 훌쩍 넘어 내 님이 오시잖아! – 아 2:8

이처럼 예수님은 우리를 찾아와서 우리의 '사랑 중도포기증'을 치유해 주시고, 우릴 무조건 꼭 끌어안아 주십니다. 그렇게 하시는 이유는 우리에게 있어서 사랑은 해도 되고 안 해도 되는 '선택'이 아니기 때문입니다. 우린 사랑할 수밖에 없도록 창조되었습니다. 주님 역시 우리를 뜨겁게 사랑하시기에, 그리고 사랑 속에 모든 것이 다 들어있기에, 이 사랑을 회복시켜 주시려고 우리의 환상적 사랑을 용납하시는 거죠.

사실 하나님께서 이 세상에 연애와 결혼 과정을 설계해 놓으신 이유도, 우리에게 있는 고질적인 '사랑의 아픔'을 우리 스스로 보게 하시려는 데 있습니다. 우리가 언젠가 하늘나라에 가서 살려면 사랑하는 법을 먼저 배워야 합니다. 왜냐하면 하늘나라는 사랑하며 사는 곳이기 때문이지요. 그러기 위해서는 먼저 우리가 갖고 있는 '사랑의 중도포기증'을 드러내고, 치유 받아야 합니다. 병이 없는 척 덮어두면 우린 평생 하나님도, 예수님도 사랑할 수가 없으니까요. 사람을 사랑하지 못하는 건 물론이고요. 예수님이 바로 우리의 이 '사랑의 아픔'을 고쳐 주시려고 십자가를 지셨고, 우리에게 다가오신 거예요. 우리의 미성숙한 환상적 사랑을 다 아시면서도 우리에게 달려오신 거지요.

### 지구별 시골소녀

⁹나의 연인은 가젤처럼 우아하지

> 내 님은 젊은 수사슴처럼 늠름하셔
> 그분이 오셨어 우리집 담장 뒤에서 발꿈치를 들고
> 우리집 창살 틈으로 바라보시네
> 눈을 크게 뜨고, 귀를 쫑긋 세우고
> 나를 찾으며 말씀하시네 - 아 2:9

 이렇게 예수님이 설레는 마음으로 우리에게 달려오셨는데, 웬걸…? 예수님과 우리 사이에 '담장과 창살'이 가로막혀 있네요. 우리가 창살 뒤에 숨어버린 거죠. 너무 부끄럽고 겁이 나서 숨어버린 거예요. 왕자님의 권유에 소녀가 기쁨과 사랑으로 나아가야 하는데, 오히려 움츠러들면서 도망갑니다. 현실로 깨어나면 아프니까 그냥 환상 속, 꿈 속에만 머물고 싶어서, 자기를 깨우지 말라고 하는 소녀, 이것은 마치 결혼 날짜를 잡고 청첩장을 돌리는 상황에서 무기력하게 주저앉은 신부의 모습 같군요.

 그토록 사랑을 갈구하다가 마침내 완벽한 이상형을 만나 사랑을 막 시작하려던 소녀가 갑자기 왜 숨었을까요? 이처럼 우리의 의지와 생각은 예수님께 다가가고 싶어하지만, 우리의 마음은 예수님을 피해 점점 더 도망칩니다. 바로 버림받음의 상처 때문이죠. 너무도 비천한 우리의 출신성분(무력감, 열등감, 버림받음과 죄인이라는 우리의 본질)을 보았기 때문이에요. 우리로 하여금 다시는 사랑할 수 없게 만든 엄청난 트라우마가 우리 안에 있다는 사실을 깨달았기 때문이죠. 이처럼 우리의 영혼 깊은 곳에 숨어있던 상처받은 인격이 드러날 때, 우리는 사랑 앞에서 도망가 숨어버립니다.

그래서 예수님이 '담장 뒤에서 발꿈치를 들고, 창살 틈으로 들여다보시며' 우릴 설득하기 시작하세요. 주저앉은 우리에게, 두려움에 벌벌 떨고 있는 우리에게 다가오신 예수님이 우리를 더욱 진실된 사랑으로 초대하시는 거지요.

그동안 우리는 보이는 것, 세상 것으로 우리의 욕심을 채우려 했습니다. 환상에 집착했지요. 하지만 이제 그것을 깨고 주님께 나아가야만 주님과 사랑을 나눌 수 있습니다. 세상의 보이는 것들은 사실 종말의 때, 다 구름처럼, 안개처럼 사라질 환상이자, 신기루일 뿐입니다. 이젠 환상에서 깨어나야 합니다. 거짓된 것들을 내려놓아야 합니다. 출애굽을 해서, 가나안을 향해 떠나야 한다는 말입니다. 예수님을 알기 전에는, 우리의 무력함과 죄 때문에 그런 환상적 사랑에 집착했지만, 이제는 우리의 모든 문제를 십자가에서 다 해결해 주신 예수님을 만났으니, 애굽에 대한 환상에서 벗어나야 한다는 것입니다. 예수님께서는 이렇게 말씀하고 계십니다.

"내가 홍해, 요단강, 여리고성을 다 격파해 줄 테니, 아무 걱정 말고 애굽에서 나오렴. 젖과 꿀이 흐르는 땅으로 들어가 우리 함께 맘껏 사랑을 나누며 살자꾸나. 이제 그만 환상을 내려놓거라. 더 이상 그런 부질없는 것에 집착할 필요 없어. 이제 날 믿고 새 세상을 향해 나아오렴. 나의 신부, 나의 자녀, 나의 백성의 신분으로 말야."

# 10

'바위틈, 낭떠러지, 은밀한 곳'까지
찾아오신 예수님

**하늘나라 왕자님**

10-14 일어나요. 내 사랑스런 친구여,

어여쁘고 아름다운 내 연인이여, 내게 오세요.

주위를 둘러보세요. 겨울이 다 갔어요.

겨울비가 그쳤다구요!

봄꽃이 온천지에 흐드러지게 피고,

온 세상이 합창단이 되어 노래하네요!

봄날의 수금이 부드러운 아르페지오 선율로

온 숲을 가득 메우네요.

라일락이 활기차게 보랏빛 향기를 내뿜고,

체리나무 꽃내음이 물씬 풍겨오네요.
이리 와요. 부끄러움과 두려움에 떠는 나의 비둘기여,
바위틈, 낭떠러지, 은밀한 곳에 숨어있는 나의 비둘기여,
그대의 은둔처를 떠나 밖으로 나오세요.
그대 얼굴을 나에게 보여줘요.
그대 목소릴 나에게 들려줘요.
그대의 차분한 목소리에 내 마음은 위안을 얻고
그대의 어여쁜 얼굴에 내 가슴은 뛰네요. - 아2:10~14

  소녀에게 다가온 왕자님이 '망설이지 말고 일어나 내게 오라'고 권유합니다. 혹독한 겨울은 이미 지나갔다고, 사랑하기 딱 좋은 봄이 왔다고, 사랑할 수 있는 모든 환경이 다 갖춰졌다고, '도대체 왜 이렇게 비천한 여자와 결혼하려는 거냐'고 떠들던 사람들의 반대도 다 해결됐고, 결혼식 준비며, 신혼집 준비도 다 되었다고, 이제 아무 걱정없이 사랑만 하자고 합니다.

  이것은 예수님께서 '네가 왜 피하는지 다 알아. 하지만 괜찮아. 겨울도 그치고, 꽃이 피고 열매 맺히는 사랑의 계절이 왔어. 내가 십자가에서 네 모든 문제를 말끔히 다 해결했다구. 너의 상처 때문에, 연약함 때문에 더 이상 숨을 필요 없어. 어서 나와서 나하고 사랑을 나누자꾸나'라며 우리를 따뜻하게 격려해 주시는 이야기입니다. 자신의 버림받고 못난 모습에 벌벌

떨며 '담장 뒤, 창살 뒤'에 숨어있는 나에게 예수님은 '널 무시하고 대적하는 모든 원수들을 내가 다 처치했어. 환상을 깨고 어서 나와. 두려움에 떨지 말고 어서 나에게 나오렴'이라고 애절하게 말씀하십니다.

자기만의 은둔처에 숨어있는 신부를 향해 밖으로 나오라고 권유하십니다.

바위틈, 낭떠러지, 은밀한 곳, 아무도 못 오는 깊은 곳, 여간해선 찾아오기 아주 힘든 곳이지만 주님은 포기하지 않고 이곳까지 찾아오셔서 '부끄러움과 두려움에 떠는 나의 비둘기여'라고 우리를 애타게 부르십니다. 바위틈도 가기 힘든데, 하물며 낭떠러지에 있는 바위틈이라면 얼마가 더 다가가기 힘들까요? 그런데 그것도 모자라 은밀한 곳이라니… (이 정도면 제 아무리 고도의 훈련을 받은 119 소방대원이라도 접근하기가 어렵겠군요.^^)

이것은 2중, 3중, 여러 겹으로 싸여져 깊이 감추어져 있는 우리의 아픈 마음을 상징합니다. 우리가 비록 겉모습은 짐짓 있어 보이고, 멋져 보이려 꾸미지만, 우리의 속마음은 이렇게 깊고 어두운 곳에 꽁꽁 숨겨놓음으로써, 다른 사람은 물론, 우리 자신도 다가갈 수 없도록 해 놓았다는 것입니다.

그런데 예수님은 결코 포기하지 않으시고, 선한 목자가 되셔서 이렇게 어둡고, 춥고, 아프고, 악취나는 곳에 끝까지 찾아 내려오십니다. 우리 자신조차 우리의 본질, 그 밑바닥을 보는 게 너무도 아프고 두려워서 환상으로 덮은 채, 보지 않으려 하는데, 예수님은 이걸 다 아시고 이해해 주신다는 거죠. 예수님은 내 안에 불신, 욕심, 두려움, 굶주림, 열등감이 얼마나 많은지 다 아십니다. 하지만 예수님은 당신의 십자가의 버림받음과 희생의 공로 역시 얼마나 크신지 아시기에 우리에게 나아오라고 강권하시는 거예요. 그러니 우리는 그저 그 십자가의 사랑을 믿고, 환상의 사랑을 버린 후, 진실된 사랑을 향해 나아가기만 하면 된답니다.

바위틈, 은밀한 곳, 낭떠러지까지 힘들게 힘들게 찾아오시는 주님! (그것도 문을 안 열어드리려고 그렇게 저항하는 우리의 눈치까지 살피시면서^^) 이러한 예수님의 사랑이 얼마나 크신지, 우리가 어찌 말로 다 표현할 수 있을까요?

# 11

## 사랑의 포도원을 허무는 작은 여우

**지구별 시골소녀**

¹⁵ 그렇담 여우들에게서 날 지켜주세요.
작은 여우들이 포도원을 허물고 있어요.
꽃이 만발한 정원에 들어가려고
온갖 잔꾀를 다 부리고 있어요.
¹⁶⁻¹⁷ 내 사랑 그대는 나의 것, 나는 그대의 것
내 님은 백합화 사이에서 양떼에게 풀을 먹이시네
밤마다 내 님은 우리의 정원을 거니시네
그림자가 사라지며 새벽빛을 내쉴 때까지
꽃 속에서 즐겁게 정원을 거니시네

> 사랑스런 나의 연인이여,
> 가젤처럼 달려오세요.
> 들사슴처럼 뛰어오세요.
> 기쁨으로 산등성이를 넘어…. - 아 2:15~17

이처럼 소녀가 너무 두려워 계속 도망갈 때, 왕자님이 소녀에게 다가와 안심시켜주면서 사랑을 계속 나누자고 권하자, 소녀는 더 이상 도망갈 데도 없으니, '밤마다 내 님은 우리의 정원을 거니시네, 그림자가 사라지며 새벽빛을 내쉴 때까지'라며 가까스로 마음을 엽니다(좀 떠밀려서, 어쩔 수 없이 결혼하는 형국입니다). 이 말은 '깜깜한 밤과 같은 내 형편을 마다하지 않고, 당신 같이 높고 귀한 분이 어찌 우리 정원에 찾아와, 나의 그림자, 나의 부끄러움을 이렇게 끌어안아 주시나요?'라는 뜻입니다.

이처럼 우리가 병든 사랑, 환상적 사랑으로 주님 사랑하기를 시작하고, 주님께서도 이러한 우리 형편을 아시고 우리의 미숙한 사랑을 받아주시지만, 그렇다고 언제까지 그 사랑에만 머물러 있게 하시지는 않습니다. 주님께서는 우리가 보다 완전한 사랑으로 나아갈 수 있도록 우리의 사랑을 먼저 치유해 주시길 원하시기 때문입니다. '백합화 사이에서 양떼에게 풀을 먹이시네'라는 표현은 우리를 치유하시는 예수님을 상징합니다. 이렇게 '가나안에 함께 들어가 진실된 사랑을 나누자'고 우리에게 간청하시는 주님께 우리가 믿음으로 나아갈 때, 주님은 우리를 치유해 주십니다. 과거 애굽의 노예 신분에서 해방되어, 이젠 당당한 그분의 아내로서, 자녀로서, 백성으로서 그분과 사랑을 나눌 수 있게 되는 것입니다. 상처로 인해 두려워서, 묶여서, 밖으로 나가지 못하는 나에게 예수님은 이처럼 '내가 사랑의 동산을 마련해 놓았으니 어서 나오렴'이라고 말씀하시는 거죠.

그런데 '포도원을 허무는 작은 여우'가 있다고 하네요. 이건 무엇을 상징할까요? 이것은 내 마음 속 깊은 곳에서 순간순간 올라오는 상처, 끊임없이 날 낙심케 만드는 부정적인 목소리, 그리고 예수님의 사랑을 의심케 만드는 마귀의 속임수 등을 의미합니다. 여우가 얼마나 빠른지 잘 아시죠? 너무 빨리 지나가 눈에 잘 보이지도 않잖아요. 하물며 작은 여우라면, 더 알아차리기가 어렵겠죠. 이처럼 우리 안에서 올라오는 부정적인 목소리와 마귀의 속임수 역시 우리가 의식하기도 전에, 휙 지나가 버리지만, 어느새 우리의 포도원을 서서히 허물고 있답니다.

그렇다면 작은 여우가 우리의 사랑을 구체적으로 어떻게 방해할까요? 사실 사랑과 버림받음의 상처는 서로 분리되어 있지 않고, 하나로 중첩되어 있습니다. 다시 말해서 겉보기에는 분명 사랑인 것 같은데, 그 속에 버림받음의 상처가 숨어있다는 거죠. 그래서 사랑이 그리도 아프고 힘든 것입니다. 사실 우리가 별로 관심을 갖지 않는 사람, 사랑하지 않는 사람에게는 우리가 그리 쉽게 상처를 받지 않죠. 이것이 바로 사랑과 버림받음의 상처가 하나로 중첩되어 있다는 사실을 반증해 주는 하나의 예입니다.

그토록 갈망하고 갈구하던 사랑, 그렇게 힘들게 쟁취한 사랑을, 좀 누려보려 하는 순간, 어느새 그 속에 감추어져 있던 버림받음의 상처(작은 여우)가 기어나와 스스로를 다시 버림받게 만들어 버립니다. 그래서 상대방이 자기를 사랑해주는 것은 보이지가 않고, 자기를 버리는 것만 눈에 들어오면서 거기에 대해 예민하게 반응하는 것이지요.

그렇다면 이 버림받음의 상처는 어디에서 생겨난 걸까요? 물론 근본적으로는 인간의 원마음(인류의 조상인 아담과 하와가 선악과를 따 먹으면서 스스로 버림받음의 길을 선택한 후, 엄청난 트라우마로 남게 된 버림받음의 상처가 후손들에게 전해진 것)에서 비롯되지만, 어린 시절 사랑이 충분히 채워지지 못했을 때, 그 상처가 더 강화됩니다. 그래서 우리는 사랑하는 사람에게 버림받지 않으려고 자기도 모르게 많은 노력을 하는가 하면, 원하는 사랑을 충분히 받고 있을 때조차 '혹시라도 사랑을 잃어버릴 수 있다'는, 즉 '다시 버림받을 수 있다'는 무의식적 두려움에 사로잡혀 버림받음의 조짐이 조금이라도 보이면 과민하게 반응하는 것이지요. 그래서 소녀는 왕자님께 그 작은 여우들을 잡아 달라고 요청하고 있는 것입니다.

## '작은 여우'와 짝사랑의 역학관계

환상이란, 뇌에서 '사랑의 갈망'과 '버림받음의 두려움'이 함께 만들어낸 합작품입니다. 버림받지 않으면서도 갈망을 채워줄 수 있는 사랑! 누구나 그런 사랑을 원하지만, 현실에서는 그런 사랑이 존재하지 않으니, 스스로 가상의, 환상적 사랑을 만들어 내는 거죠. 짝사랑도 환상적 사랑의 한 형태입니다. 혼자 사랑하기에 버림받을 위험이 없는 거죠. 그래서 자기 혼자 맘껏 사랑합니다. 즉 혼자서 머릿속에서만 사랑할 뿐, 실제로 자신의 인격과 영혼, 생명은 열등감과 버림받음의 두려움 때문에 나오지 못한 채, 자기 마음 속 깊은 곳-바위틈, 낭떠러지, 은밀한 곳-에 숨어서 환상과 가상으로 짝사랑하는 것입니다. 사랑하고 싶어하는 우리의 실제 마음이 바로 이렇게 깊은 곳에 숨겨져 있다는 것이죠.

그러다가 자기가 짝사랑하던 대상이 실제로 자기를 사랑하게 되면 어떤 일이 벌어질까요? 신데렐라의 환상이 이루어진 것처럼 잠시 잠깐은 너무 기쁘지만, 그 기쁨은 그리 오래가지 못하는 게 사실입니다. 자기 스스로 '버림받음'의 건수를 잡아, 자기가 먼저 그 사랑을 버리고, 포기해 버립니다.

그토록 갈구하던 환상의 꿈이 완벽하게 실현되었건만, 이를 누리지 못하는 거죠. 아름다운 사랑의 포도원이 전개되었건만, 건수를 잡아 이런 저런 핑계를 대며, 포도원을 스스로 허물

어 버리는 거예요. 물론 일부러 그러는 사람은 없습니다. 이것은 무의식적으로, 부지중에 자기 스스로 '버림받음'을 선택함으로써, 사랑의 포도원, 환상의 꿈을 망치는 거니까요. 이것이 바로 우리의 무의식에 숨어서, 자기도 모르게 재빠르게, 우리의 사랑을 파괴하는 '버림받음'의 상처, 즉 '작은 여우'랍니다. 그런데 우리는 자기 마음 속 깊은 곳에 숨어있는 '작은 여우'는 보지 못한 채, 상대방이 사랑을 망쳐 놓았다고 원망하죠.
이처럼 우리 마음 속에 '작은 여우'가 있는 한, 우리는 그 어떤 사랑의 잔치에서도 먹거나 누릴 수가 없습니다. 그래서 자기 마음 속의 '작은 여우'가 어느새 슬그머니 나타나 휙휙 지나갈 때마다 이 '작은 여우'를 잡아 달라고 예수님께 나아가 해결받아야 하는 것입니다.

### 아가서의 황금마차 7호

# 아가서의 중요한 두 가지 키워드

얼핏 보면 아가서는 문학의 한 장르인 것 같지만, 아래와 같은 용어들을 통해서 볼 때, 아가서야 말로 사랑에 대한 인간의 마음을 너무나 과학적이고 심리학적으로 표현한 아주 놀라운 책임을 알 수 있습니다.

◆ **바위틈, 낭떠러지, 은밀한 곳**(아 5:14) : 진정한 사랑을 갈구하는 우리의 실제 마음이 숨어 있는 우리의 깊은 무의식 세계. 예수님께서는 이곳까지 찾아오셔서 우리의 진정한 마음을 만나 치유하시기 원하시죠.

◆ **작은 여우**(아 2:15) : 우리의 무의식에 숨어 있는 버림받음의 상처. 자기도 모르는 사이에 어느새 나타나, 휙 지나가면서 우리의 사랑의 포도원을 망쳐버리죠.

아가서의 황금마차 8호

# 우리 영혼 속 깊은 곳에 숨어있는 잃은 양 한 마리

예수님께서 들려주신 '잃은 양의 비유'에 나오는 100마리의 양은 우리의 전 인격을 상징합니다. 그런데 양 100마리 중, 99마리는 목자를 잘 따라갔지만 한 마리는 그러지 못했습니다. 즉 우리의 인격 중 유난히 못나고 열등한 부분이 바로 잃은 양 한 마리라는 것이지요. 탕자와 장자의 비유도 마찬가지입니다. 이 역시 우리 중 누구는 탕자이고, 누구는 장자라는 뜻이 아니라, 한 사람의 영혼 안에 공존하는 인격의 양면성을 상징하는 것입니다. 이처럼 100마리의 양 중에, 우리의 영혼 가장 깊은 곳에 숨어 있는 양 한 마리가 있습니다. 그 한 마리는 너무나 두려워, 깊은 골짜기로 도망가 숨어버립니다.

사람들 중 유독 겉 보기엔 짐짓 목소리도 크고, 사교적이고, 자신감 있어 보이는 이들이 있죠. 하지만 그것은 사실 그들 속에 감춰져 있는 열등감, 도피, 회피 등에 대한 반작용입니다. 다시 말해, 그런 사람들일수록 열등감, 무기력, 자폐, 대인공포 등의 성향들이 더 많다는 것입니다. 연극배우가 대사를 외워 연기하듯, 우리의 겉사람이, 살기 위해 안간힘을 쓰며 연기를 하고 있는 것뿐이지요. 하지만 우리의 속사람은 그렇게 당당하지 못한 게 사실입니다.

여러분, 그거 아세요? 옷차림이 야한 사람일수록 정작 사랑하는 데에는 더 소극적이라는 거? 자기를 과장하여 표현하는 사람(히스테리컬한 성격)일수록 사랑 앞에서는 더 움츠러듭니다. 목소리 큰 사람일수록 사실 속으로는 더 벌벌 떠는 것과 마찬가지지요. 겉으로는 사람들을 통쾌하게 웃기는 사람들일수록 사실 마음 속에는 두려움으로 더 가득 차 있어요. 큰소리를 치거나 자신을 과시하는 사람일수록 실은 더 자신감이 없는 경우가 많습니다.

이처럼 우리 영혼 깊은 곳에는 사랑에 참여하지 못하는 인격이 있어요. 그래서 그토록 사랑하던 사람과 결혼을 했지만, 정작 결혼생활이라는 현실로 들어서면, 그 상처받은 마음(잃은 양 한 마리)이 다시 도망 간 후, 마음을 닫아버려 상대방을 전인격적으로 사랑하지 못하게 하는 경우가 많습니다. '바위틈, 낭떠러지, 은밀한 곳'으로 도망가는 거죠. 그냥 겉으로만 형식적인 결혼생활을 할 뿐, 마음이나 영혼을 담아 사랑하지 않아요. 이처럼 마음과 영혼의 교감이 없으니 부부 사이가 점차 차가워지는 거죠. 사랑이 현실로 들어가니 영혼이 두려워 도망간 거예요.

이처럼 환상적 사랑이 깨지고, 현실로 들어서면서 우리 마음 속에 있던 버림받음의 상처가 올라올 때, 우리는 일반적으로 다음과 같은 반응을 보이게 됩니다.

◆ 억압 : 자기 자신도 찾지 못할 깊은 곳에 버림받음의 상처를 숨겨놓고 꾹꾹 눌러버립니다. 자기 속의 상처를 안 보려고, 자기 마음을 스스로 굳게 닫아버리는 거죠.

◆ 투사 : 자기 속의 버림받음의 상처를 인정하는 게 너무 두렵고 아프니까, 오히려 상대방에게서 같은 문제를 찾아내 그것을 비난함으로써 본인은 죄책감과 아픔에서 벗어나려 합니다. 자기 자신을 인정하

지 않고, 밖에서 핑계를 찾아내 흠을 잡는 거죠. 예수님께서는 이것을 '자기 눈의 들보는 보지 못하고, 남의 눈의 티를 빼 주려 한다'고 표현하셨지요. 이는 우리의 무의식에서 일어나는 반응이라서, 우리는 그 실체를 알지 못하는 경우가 대부분입니다. 그래서 성경은 이것을 '작은 여우'라고 표현했습니다. 어느새 휙 지나가 보이지 않기 때문이죠. 그런데 그 작은 여우가 포도원을 허물기 시작하는 거예요. 애써 만들어 놓은 포도원을 더 열심히, 공들여 가꾸어도 모자랄 판에, 오히려 파괴하는 거죠. 그토록 많은 사람들의 축복을 받으며, 그토록 사랑하던 사람과 애써 꾸민 가정을 자기도 모르게 파괴하고 있는 것입니다. 투사는 언뜻 보면 상대방을 비난하고 허무는 것 같지만, 사실은 자기 자신을 비난하고 허무는 심리적 반응입니다. 즉 '난 더 이상 왕자, 공주로 못 살겠어. 이건 내가 아냐. 난 다시 하녀 신분으로 돌아갈 거야. 다시 버림받을 거라구!'라며 도망가는 것이죠.

◆ 갈구 : 이처럼 버림받은 우리 영혼은 도망가 숨기도 하고, 사랑을 파괴하려고도 하지만, 그러면서도 여전히 사랑을 갈구합니다. '양떼를 먹여 달라'고, 즉 자기의 굶주림을 채워 달라고, 자기에게 달려와 달라고, 자기를 버리지 말고 사랑해 달라고 애절하게 외치는 것이지요.

# 12

## 낙엽 따라 가버린 사랑

소녀가 그렇게 간신히 마음을 열고 왕자님을 사랑하려고 결심했건만… 이게 웬일이죠? 이번에는 도리어 왕자님이 사라져 버렸네요. 소녀가 왕자님을 아무리 찾아도 찾을 수가 없군요.

### 지구별 시골소녀

[1]잠자리에 누웠지만 안절부절 한 숨도 잠을 못 이루었네
내 사랑을 그리며, 내 님을 간절히 찾으며….
내 님이 안 계시니 내 마음이 너무도 고통스럽구나 – 아 3:1

소녀에게 '어서 나와서 사랑을 나누자'고 그토록 권유하던 왕

자님이 사라졌어요. 밖에 나가 아무리 찾아봐도 찾을 수가 없는 거예요. 나를 사랑하기 위해 달려와, 나를 아름답다고, 사랑스럽다고 하던 왕자님이 사라져 버렸으니, 얼마나 당황스럽고 상실감이 느껴지는지…, 다시 버림받았다는 느낌에 소녀는 괴로워합니다.

이처럼 우리의 신앙 여정에서, 우리는 어느 순간 예수님을 놓쳐버린 것 같은 과정을 겪게 됩니다. 예수님을 늘 만나던 곳에서 예수님을 더 이상 찾을 수 없는 듯한 느낌! 거기에 우린 절망하죠.

베드로도 그랬습니다. 베드로는 예수님의 지혜, 능력, 영광, 인격을 보고 너무도 존경스러워 따르고 싶었지요. 그래서 온 맘 다해 예수님을 따랐고, 죽음의 순간까지 예수님과 함께 하겠다고 맹세까지 했지요. 그런데 예수님의 모습은 점차 멀어져만 갔어요. 그토록 지혜롭고 능력 많으신 하나님의 아들이 어떻게 그렇게 무력하고 비참하며 저주받은 십자가에서 돌아가시겠다고 하는지… 정말 믿어지지가 않았죠. 베드로는 그러한 예수님을 인정할 수가 없었어요. 자기가 바라던 지혜롭고, 능력 많은 하나님의 아들의 모습이 아닌, 너무나 무력한 패배자의 모습을 도저히 받아들일 수가 없었던 거예요. 그래서 결국 예수님을 배신하고 맙니다. 우리 역시 우리의 관습, 문화, 습관, 문제, 욕심의 지배를 받아, 우리가 만든 '허상의' 하나님을 믿는 경우가 많습니다. 처음엔 하나님도 그런 우리를 불쌍히 여겨 함께 해 주시지만, 그런 상태로는 우리와의 사랑의 관계를 더 이상 발전시켜 나갈 수 없으시기에 어느 순간 그 자리에서 떠나고 마시죠. 그럼 우리는 말할 수 없이 당황하고 상처를 받습니다.

하나님과의 관계뿐만 아니라, 사람 사이의 관계에서도 마찬가지입니다. 우린 자기의 욕심을 채우려고 상대방에 대한 환상을 만든 채, 그 환상을 사랑합니다. 자기 문제를 보상하고자, 자기의 굶주림을 채우고자, 자기가 만든 환상을 사랑하고, 그 환상과 결혼하지만, 그래서 처음에는 그가 그 자리에 있는 것처럼 느끼지만…, 그는 점점 멀어져만 갑니다. 더 이상 그 자리에 있지 않는 거죠. 그때 우리가 느끼는 허탈감, 좌절, 분노, 원망은 이루 말할 수가 없죠. 이게 바로 환상적 사랑이 깨지는 단계입니다.

물론 우리 사랑의 시작은 환상으로만 가능합니다. 그러나 그 사랑이 치유되고 성숙되기 위해서는 반드시 그 환상이 깨져야 하고, 우린 그에 따른 아픔을 겪을 수밖에 없습니다. 흔히 우리는 환상이 깨진 이유가 상대방에게 있다고 생각하고, 날 아프게 했다고 상대방을 원망합니다. 하지만 사실은 자기의 숨겨진 병적인 모습, 즉 버림받음의 상처가 드러나면서 환상이 깨졌을 뿐이지요. 확실한 것은 우리의 병적 상태-사랑의 중도포기증-가 치유되지 않는 한, 아무리 좋은 사랑이라 해도, 우린 계속해서 누릴 수가 없다는 사실이에요. 사랑에 실패할 수밖에 없는 거죠. 그래서 예수님께서는 우리와 본격적인 사랑을 나누시기 전에 먼저 우리를 치유하시기 위해 우리의 환상적 사랑을 깨뜨리시는 것이랍니다.

# 13

## 우리, 다시 사랑할 수 있을까?

그럼 예수님은 우리의 환상 속에 계시지 않고, 어디로 사라지셨을까요?

### 지구별 시골소녀

<sup>2-4</sup> 그래서 나는 일어나 밖으로 나가 도시를 배회했지
거리마다 골목마다 샅샅이 찾아다니며….
내 사랑을 그토록 간절히 찾았다네
구석구석 누비며 찾아다녔지만
내 님은 찾을 수 없었네
그때 어두운 도시를 순찰하는

> 야간 경비원이 보이길래 내가 물었지
> "내가 잃어버린, 나의 사랑하는 사람을 보았나요?"
> 그리고 그들을 지나치자 마자 곧 내 님을 찾았다네
> 내가 잃어버린, 나의 사랑하는 그분을 - 아 3:2~4

소녀는 '그럼 그렇지. 그렇게 고결하신 분이 나 같이 비천한 여자를 사랑하실 리가 없어. 역시 안 되는 거였어!'라며 침상에 홀로 남아 또 다시 버림받음의 상처에 괴로워합니다. 하지만 이번엔 전과 달라요. 소녀가 그 버림받음의 상처에서 곧 벗어나거든요. '아냐. 그럴 리가 없어. 왕자님은 분명 날 사랑한다고 하셨어'라며 깜깜한 밤에 왕자님을 다시 찾아 나섭니다. 소녀가 온 도시를 헤매면서 행인들과 야간 경비원들에게 수소문한 끝에, 드디어 사랑하는 왕자님을 만났습니다. 도시의 행인들과 야간 경비원들을 지나치자 마자 왕자님이 보였던 것입니다. 이것은 '그동안 자신에게 있는 버림받음의 상처를 부인하려고 애쓰다가, 이제 그 상처를 그냥 인정하자(그들을 지나치자 마자), 바로 눈 앞에 사랑하는 왕자님이 보였다'는 뜻입니다. 그런데 전엔 왜 왕자님이 안 보였을까요?

우리 마음 속에 있는 버림받음의 감정이 올라오면, 우리가 아무리 예수님을 사랑한다 해도 그분의 사랑이 들리지도, 보이지도 않습니다. 눈이 뭔가에 가려져 제대로 볼 수 없게 되는 거지요. '버림받음의 색안경'을 끼고 보니, 모두가(그토록 날 사랑한다고 했던 예수님마저) 날 버린 것처럼 느껴지는 거예요. 신혼여행의 단꿈에서 깨어나 현실로 들어서고 보니, 그가 날 사랑하는 것은 안 보이고, 날 버리는 것만 보이는 거예요. 그래서 '왜 날 바라보지 않고 TV만 보느냐? 왜 퇴근 후에 바로 집으로 오지 않느냐? 도대체 어떤 여자를 만나고 오는 거냐?'라며 의심하고 분노하는 겁니다. 바로 옆에 그가 있는데도 그가 안 보이는 거죠. 이처럼 버림받음의 상처가 올라오면, 상대가 날 무시하고, 미워하고, 버리는 모습만 보게 됩니다.

이때 우리가 해야 할 일은 '내 안에 버림받음의 상처가 있음을 그냥 쿨~하게 인정'하는 거예요. 그냥 내려놓는 거죠. 행인들과 야간 경비원들을 그냥 지나치는 거죠. 그럼 그때 비로소 그가 다시 보이기 시작한답니다.

### 지구별 시골소녀

나는 온몸으로 내 님을 얼싸안았네, 꼬옥 끌어안았네
그분과 함께 집에 돌아갈 때까지 절대 놓치지 않으려고
내 어머니의 집, 나를 잉태한 어머니의 방으로 돌아가
따뜻한 난롯가에 안전하게 거할 때까지 절대 놓치지 않으려고

- 아 3:4

왕자님을 찾은 소녀는 왕자님을 놓치지 않으려고 꼭 끌어안은 채, '자기 어머니의 집, 자기가 잉태되었던 어머니의 방'으로 갑니다.

'내 어머니의 집, 나를 잉태한 어머니의 방'은 무엇을 상징할까요? 그것은 바로 우리의 본질을 의미합니다. 나의 출생성분, 노예신분, 내가 부끄러워하고 내가 감추고 싶어하던 그 밑바닥으로, 예수님이 날 데려가셔서, 내 본질을 일깨워 주십니다.

예수님은 그렇게 우리의 버림받음의 본질로까지, 나의 비천한 신분으로까지 우리와 함께 내려가 주십니다. 에덴동산에서 인간이 '난 하나님을 떠나 자유롭게 살 거야. 하나님 필요 없어!'라면서 스스로 '버림받음'의 길을 선택했던 바로 그 현장, 그 비참하고 처절한 나의 본질까지 예수님이 함께 내려가 주시는 거예요. 사실은 예수님이 먼저 나의 가장 비천한 곳에 내려가 계셨기에, 내 눈에 더 안 보이셨던 거죠.

우리는 나쁜 것을 대충 덮어두고 그 위에 아름다운 집을 지으려 합니다. 하지만 밑에 있는 쓰레기를 아무렇게나 덮어버린 채 집을 짓는다면, 그건 모래 위에 지은 집, 사상누각이 될 수밖에 없겠지요. 비가 오고 바람이 불면, 또 쓰레기가 썩어 냄새를 풍기기 시작하면, 아무리 아름답게 지은 집이라도 그냥 허물어지거나 끔찍하게 변해버리고 말 것입니다. 이처럼 나의 비천한 신분, 내 어머니의 집에서 아팠던 것, 곪았던 것으로부터 벗어나려고, 그저 회피하고픈 마음에 '도피형 결혼'을 한다면 곧 문제가 생기기 시작합니다. 진정한 사랑이란, 서로 '어머니의 집'에 있었던, 그 본질적인 상처를 이해해 주고 용납해주는 것입니다. 그 아픈 곳까지, 우리의 맨 밑바닥까지 내려가 쓰레기를 먼저 말끔히 치운 후, 그 위에 아름다운 사랑의 집을 짓는 것이죠.

예수님께서는 우리의 아픈 본질을 대충 덮어두고 그 위에 집을 지으시는 분이 아닙니다. 그분은 우리가 원하는 대로, 우리의 얄팍한 기준에 맞추어, 우리가 만들어 낸 '모든 것이 아름답고, 능력있고, 존귀하고, 영광스러워 보이는 환상의 자리'에서 계속 사랑하실 수가 없으니까요. 그것은 거짓된 사랑이니까요. 진실된 사랑이 아니니까요. 그래서 내 환상 속에 계시던 예수님이 잠깐

사라지신 것처럼 느껴졌던 거지요.

 이처럼 예수님은 창세기 3장, 인류 최초의 범죄현장에서부터 시작된 그 아픔의 방으로 우릴 데리고 내려가셔서, 거기에서부터 다시 사랑을 시작하십니다. 나의 비천한 신분이 시작된, 내가 잉태된 방으로, 그 저주받은 곳으로, 그 더럽고 냄새나는 말구유, 짐승들이나 사는 곳, 사람들은 갈 수도 없고, 가려고 하지도 않는 그곳으로 주저함 없이 내려가셔서 거기에서 다시 사랑을 시작하자고 하십니다. 이것이 바로 예수님이 말구유에서 태어나신 이유입니다. 우리의 비천함을 공감해주시고 감싸 안아 주시기 위해, 우리와 똑 같은 처지가 되어, 우리의 아픔을 대신해주시기 위해 그 더러운 곳에서 태어나신 거지요.

 사실 신혼여행은 파라다이스로 가지 말고, 광야로 가야 합니다. 우리와 예수님의 신방도 무덤입니다. 나를 위해 죽으신 그 무덤 말입니다. 그곳이 바로 내 어머니의 방, 내가 저주받았던 곳, 예수님이 우리 대신 저주받고 버림받으신 십자가지요. 주님은 그곳까지 내려오셔서 날 사랑하시고, 치유해 주심으로써, 저주받은 방을 축복의 방으로, 버림받은 방을 사랑의 방으로 바꿔 주시길 원하십니다.

예수님과의 첫 만남, 첫 데이트 장소는 아름다운 곳이었습니다. 하지만 우리가 결혼이라는 현실로 돌아와, 주님을 진정으로 사랑하고 만날 곳, 주님이 우리와 신방을 꾸미기 원하시는 곳은 바로 우리 영혼의 가장 깊은 곳, 어두움과 두려움, 상처와 아픔이 있는 곳입니다. 그런 아픔을 무시한 채, 무조건 능력, 아름다움, 존귀만 노래할 수는 없는 일이니까요. 우리 속의 두려운 것, 못난 것을 숨기고 능력, 지혜를 부르짖어 봤자 그건 아무 의미가 없으니까요.

'나는 내 모습이 보기 싫어서 그렇게 덮고, 숨기고, 학대하고, 도망갔지만, 그분은 나의 이런 모습을 다 아시면서도, 이해해 주시고, 감싸 안아 주시고, 수용해 주시는구나. 나의 거짓된 모습, 화장한 모습을 사랑하시는 게 아니라, 나의 진실한 모습, 나의 본질, 나의 쌩얼을 사랑해 주시는구나. 나의 있는 모습 그대로를 사랑해 주시는구나….'

예수님의 무덤에서 우린 그걸 깨닫게 되는 거예요.

이곳이야 말로 예수님과의 첫 신방, 첫날밤을 지내는 곳입니다. 나를 위해 이렇게 낮아지시고, 목숨까지 바치신, 그토록 값지고 진실되며 희생적인 주님의 사랑을, 나에게 생명까지 주신

그 놀라운 사랑을 깨달을 때, '사랑의 중도포기증'이라는 우리의 깊은 병은 마침내 치유되기 시작하는 겁니다. 그토록 숭고하고 값진 사랑을, 어떻게 겉보기에만 아름답고 화려한 환상적 사랑과 비교할 수 있겠어요?

또한 이러한 깨달음이 있을 때, 부부간의 사랑, 지체간의 사랑 역시 진실되게 변화되기 시작한답니다. 그동안은 내 문제를 꼭꼭 감춰둔 채, 그 문제를 보상해 줄 대상을 찾아다니며 사랑을 갈구했지만, 이제는 서로의 진실된 모습, 그 아프고 못난 모습들을 다 드러내고, 이해해주고 감싸주고 섬겨주는 것이죠. 이처럼 서로의 연약함과 아픔을 서로가 대신 감당해 줄 때, 진정한 사랑, 진실된 사랑이 비로소 시작되는 것입니다. 결혼은 환상으로 시작합니다. 그러나 곧 그 환상을 깨고, 서로의 아픔을 인정하고 용납할 뿐만 아니라, 대신 감당해줄 때, 환상적 사랑이 비로소 진정한 사랑으로 거듭나는 거랍니다.

## 지구별 시골소녀

⁵ 오, 예루살렘 여인들이여,

내가 가젤과 들사슴을 걸고 그대들에게 부탁할게요.

때가 무르익기 전, 준비가 되기 전에는

우리의 사랑을 흔들지도, 깨우지도 말아 주길 – 아 3:5

여기에서 '깨우지 말라'는 것은 2:7에서, '환상의 사랑을 깨우지 말라'는 것과 전혀 다릅니다. 여기에서는 '너무 편안한 사랑'을 누리고 있기 때문에 그것을 깨지 말라는 것입니다. 환상이 깨지면 죽을 것만 같았는데, 그래서 그렇게 환상을 놓지 못하고 집착했는데…, 알고 보니 이 진실된 사랑이 환상의 사랑보다 훨씬 더 편안하고 좋은 거예요. 그래서 2:7에서는 환상적 사랑에서 깨어나지 않으려고 깨우지 말라고 하던 것이, 이제 진실된 사랑을 알게 된 3:5에서는 진정한 사랑의 기쁨에서 깨어나기 싫어서, 방해하지 말라고, 깨우지 말라고 하는 거죠. 하나님의 아들을 비천한 내 본질까지, 말구유로까지 끌고 내려왔으니(그분이 볼꼴 못 볼꼴 다 보셨으니^^) 얼마나 편안한가요? 위선을 떨며 자기를 방어하고, 내숭을 떨며 아닌 척 감추고…, 이렇게 늘 긴장하고 산다면 결코 편안할 수가 없겠지요. 그건 너무 피곤한 사랑입니다. 하늘나라 왕자님이 몸소 우리의 비천한 신분까지 내려오셔서, 모든 것을 수용하고 이해하고 받아 주시겠다는데, 이보다 더 편안한 사랑이 어디 있겠어요? 서로의 뿌리에서 시작하는 사랑, 이것이 바로 진정한 사랑입니다.

### 지구별 시골소녀

⁶저 멀리 사막에서 다가오는 게 뭐죠?

연기 기둥처럼 다가오는 게 뭐죠?

달콤한 냄새로 공기를 채우며,

몰약과 유향의 강렬한 향기로 대기를 채우며 오는 게 뭐죠?

- 아 3:6

그런데 부부의 신방의 모습이 어떠한가요? 내가 내 모습을 보기 싫어, 그토록 감추고 학대하던 곳, 그러나 예수님은 나의 보다 근본적인 문제를 먼저 해결해 주시기 위해, 그후에 나와 진실된 사랑을 나누시기 위해, 우리의 상처가 있는 곳으로 우리 데려가셨던 그 곳! 그곳의 모습이 어떠한가요? 그곳은 연기 기둥, 몰약, 유향, 장례용 향품으로 가득 차 있네요.

이것은 예수님

께서 우리의 죄성과 그로 인한 노예신분, 그리고 버림받음의 상처를 있는 그대로 이해해 주시고, 용납해 주시다 못해, 대신 감당해 주셨음을 의미합니다. 예수님께서 십자가에서 우리의 죄와 버림받음의 아픔뿐 아니라, 우리의 비천하고 정죄받은 신분을 대신 감당하심으로써 우리를 의롭고, 완전하고, 순결한 신부로 만들어 주셨다는 것이죠. 그 덕에 우리는 더 이상 버림받음이나 정죄감, 혹은 열등감의 두려움에 떨지 않고 순결하고 의로운 신부로 당당하고 자랑스럽게 나설 수 있게 된 것입니다.

그토록 고귀한 하늘나라 왕자님이, 이 비천한 사형수를 살리시겠다고, 대신 죽음이라는 형벌을 기꺼이 자원해 받으시다니! 십자가에 홀로 가셔서 우리가 감당해야 할 모든 아픔들을 대신 지시다니! 그래서 나보다 더 못난 시신이 되어 버리시다니!

결코 화려하지도, 아름답지도, 달콤하지도 않은 사랑, 그 처참한 채찍질과 침뱉음과 조롱과 멸시, 십자가에 못 박히면서 절규하던 신음소리! 너무나 아픈 사랑! 너무나 슬픈 사랑! 날 구원하고 치유하시기 위해 십자가에서 보혈을 흘리시고, 가장 비참한 죽음을 당하신, 목숨 바친 그 사랑! 그토록 흠 없고 고귀한 하늘 왕자님이 날 위해 대신 죽으심으로 증명하신 사랑!

그 사랑이 너무나 귀하고 소중하기에 그 십자가의 피비린내, 그 찢겨진 시신의 향마저 너무 향기롭다고 하는 것입니다. 나를 위해 생명을 주신 사랑, 죽음에서 시작된 사랑, 이 사랑을 그 어떤 다이아 반지나 고급 스포츠카와 비교할 수 있을까요? 이 무덤 속 사랑만큼 진하고, 아름답고, 낭만적인 사랑이 어디에 또 있을까요? 그런데 더 기쁜 일은, 그렇게 날 위해 돌아가신 예수님께서 부활하셔서 '연기기둥'처럼 내게 다가오셨다는 사실입니다!

아가서의 황금마차 9호

## 죽음으로 대신한 사랑 - 최고의 낭만적 사랑!

보디가드, 타이타닉, 미녀와 야수! 이 세 편의 영화의 공통점이 있다면? 너무나 아름다운 러브스토리로, 엄청난 관객을 동원해, 흥행에 성공한 영화라는 것? 그것도 물론 맞는 말이지만, 세 영화 모두 '남자 주인공이 사랑하는 여인을 살리기 위해 대신 죽는다'는 공통점이 있지요. 세상에 수많은 러브스토리들이 있지만, 특별히 이 세 편의 영화가 우리 가슴 속에 쉽게 사라지지 않는 강렬한 감동으로 남아있는 이유는, 아마도 그것이 일반적인 사랑이 아닌, '목숨 바친 사랑'이라는 데 있을 것입니다.

'보디가드'와 '타이타닉'은 여주인공이 자기를 위해 목숨까지 바쳐가며 사랑해 준 연인을 평생 잊지 못하고 그리워하며 살아가는 쌔드엔딩(Sad ending)으로 막을 내리죠.

그런데 영화 '미녀와 야수'는 위 두 영화와 사뭇 다른 결말을 맞습니다. 그리고 아마도 위 세 영화 중에 가장 성경과 비슷한 스토리 역시 '미녀와 야수'가 아닐까 싶습니다. 사랑하는 여인, 벨을 구하기 위해 자기 목숨을 바쳤던 야수! 죽은 줄만 알았던 그가 마침내 마법에서 풀려 멋진 왕자님으로 다시 부활하는 장면은 우리의 마음을 통쾌하게 만드는 놀라운 반전이죠. 이것은 우릴 살리기 위해 스스로 죽음의 길을 가셨던 예수님께서 3일만에 부활하시는 장면과도 흡사합니다.

하지만 '미녀와 야수'와 성경의 스토리는 근본적인 차이점이 있습니다. '미녀와 야수'에서는 마녀가 왕자의 교만한 태도를 고쳐 주기 위해 마법을 걸어, 왕자가 어쩔 수 없이 야수로 변한 것이었지만, 예수님은 우리를 살리기 위해 기꺼이, 자원해서 인간이 되셨다는 사실이지요. 야수는 자기의 흉측한 모습으로 인해 겸손해질 수밖에 없었고, 그래서 원래 왕자의 신분이었다면 거들떠보지도 않았을 평민인 벨을 궁여지책으로(?) 사랑하게 되지요. 벨 역시 원래대로라면, 왕자와의 엄청난 신분차로 인한 열등감 때문에 왕자에게 쉽게 다가갈 수 없었겠지만, '야수의 외모'라는 커다란 약점을 가진 왕자에게 오히려 측은한 마음을 느껴, 야수에게 사랑을 줄 수 있었던 거고요.

하지만 예수님은 스스로 원해서, 낮고 천한 신분의 인간이 되셨습니다. 그래야 우리가 그 엄청난 신분의 격차(창조주와 피조물이라는, 거룩하신 하나님과 죄인이라는 신분차)에 주눅들지 않고 편하게 주님께 다가갈 수 있으니까요. 그러나 예수님 역시 우리를 목숨 바쳐 사랑하셨다는 것, 그리고 영광스런 모습의 하늘 왕자님으로 다시 부활하셨다는 점은 영화 속 야수와 비슷하기에… 이 영화가 성경 속 러브스토리에서 모티브를 얻지 않았나… 추측해 봅니다.^^

 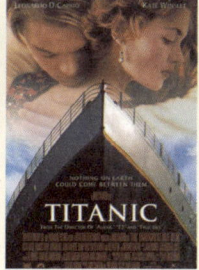 

## 로즈가 다이아 목걸이를 바다에 던진 이유

여러분, 타이타닉의 마지막 장면을 기억하시나요? 할머니가 된 여주인공 로즈가 선상에서 잭과의 사랑을 추억하다가, 결국 다이아 목걸이를 바다에 던지는 장면을요? 여러분은 이 장면을 보면서 어떤 마음이 드셨나요? '아깝다…! 차라리 저걸 팔아서 가난한 사람들에게 나눠 주지….'란 생각이 들진 않으셨나요? 만약 그렇다면 여러분은 향유 옥합을 깨뜨려 예수님의 발을 닦아드린 여인을 향해 '저 비싼 것을 왜 낭비하는 거야? 차라리 저걸 팔아서 가난한 사람들에게 나눠 주지….'라고 했던 가룟 유다와 크게 다르지 않은 것 같군요. 그것은 진정한 사랑을 이해하지 못한 까닭에서 생겨나는 마음이니까요.

자기를 위해 목숨을 바치기까지 사랑해 준 남자 잭에게 로즈는 그 어떤 것도 아깝지 않았을 것입니다. 그래서 바다에 다이아 목걸이를 던짐으로써 잭에게 그 목걸이를 바치고 싶었던 것이죠. 향유 옥합을 깨뜨린 여인도 마찬가지였죠. 자신을 위해 십자가에서 목숨을 바치실 예수님께 그 어떤 것도 아깝지 않았기에, 자기가 평생 모은 전재산인 향유 옥합을 아낌없이 깨뜨릴 수 있었던 것입니다.

여러분은 예수님을 향한 이런 사랑의 마음이 있나요? 그 어떤 것을 바쳐도, 설사 그게 내 목숨이라도…, 결코 아깝지 않은 그런 사랑의 마음이요?

# *14*
# 무덤에서 궁궐로 이사한 신혼집

그런데 놀랍게도 사막에서 무언가가 다가오고 있네요. 솔로몬 왕의 황금마차, 마치 왕의 궁궐을 옮겨 놓은 듯한 아름다운 마차가 달려오는데, 그 주위를 무장한 용사 60인이 옹위하고 있군요.

### 지구별 시골소녀

<sup>7-10</sup> 보세요! 솔로몬의 황금마차예요!
60명의 군사가, 이스라엘의 최정예부대 60명이
호위하며 몰고 오는 황금마차
모두가 특수 훈련을 받아

언제든, 어디서든, 무슨 일이든,
즉시 대처할 수 있도록 완전무장한 군사들
밤의 두려움을 쫓아낼 용사들
솔로몬 임금님의 지시하에
고운 나뭇결의 레바논 백향목으로 만든
바로 그 황금마차
내 님은 은으로 골조를 세우고, 금으로 지붕을 덮었지
자주색 천으로 등받이 커버를 씌우고,
무두질한 가죽으로 실내를 장식했지
이것이 바로 예루살렘 여인들의 사랑을 입힌 황금마차라네
- 아 3:7~10

솔로몬의 60 용사들이 황금마차를 몰고 오는 이유는 지금 신혼부부의 신방이 무덤이기 때문입니다. 이곳에서 왕자님과 소녀의 진실된 사랑이 시작되긴 했지만, 여긴 사실 아무 것도 없는, 캄캄하고 두려운 무덤이죠. 사랑에 취해 있다가 눈을 떴는데, 여전히 내 현실에는 죽음의 어두움이 드리워져 있는 거예요. 무시무시한 무덤의 어두운 현실이 그대로 있지요. 그러한 무덤의 험악한 분위기가 우리의 사랑에 엄습해 오는 거예요. 그래서 순간적으로 사랑이 사라지고, 또 다시 '밤의 두려움'에 사로잡히는 거죠. 출애굽을 했지만 다시 몰려오는 바로의

군사들 때문에 식겁하는 거죠.

하지만 감사하게도 예수님은 우리를 이러한 어두움과 두려움에 버려두지 않으세요. 황금마차와 용사들을 보내주시죠. 나만을 위해, 왕후가 타는 아름답고도 존귀한 황금마차를 보내주신 거예요. 모든 여인들이 원하는, 사랑으로 입혀진 황금마차! 거기에 나를 초청하시는 거예요. 부활하신 예수님께서 나를 새 신분으로, 의롭고 깨끗하고 아름답고 존귀한 신분으로 변화시켜 주신 후, 황금마차를 태워 주신단 말입니다.

그런데 이 마차는 왕실 정예부대 60명의 호위를 받습니다. 이 용사들이 누구인가요? 그들은 '밤의 두려움'을 쫓아내 줄 군사들입니다. '밤의 두려움'이란 우리가 다시 버림받음의 상처로 공격받는 것을 의미해요. 우리가 예수님의 신부가 되어 예수님과 사랑을 나누며 행복하게 사는 것을 마귀가 가만 놔 둘리 없죠. '이 황금마차가 네 거라고? 네가 주인공이라고? 헐~! 설마 그게 말이 된다고 생각하는 건 아니지? 황금마차? 좋지! 근데 넌 그냥 구경만 해! 이건 그냥 동화야. 너랑 관계없는 환상이라구!'라며 마귀가 신랄하게 공격합니다.

하지만 이때 예수님은 60명의 정예부대로 우릴 옹위해 주세요. 예수님께서 우리를 황금마차로 초청해 주시기 위해 얼마나 많은 것을 지불하셨나요? 얼마나 많은 고초와 고통을 당하셨나요? 그것만으로도 우리는 황금마차에 올라탈 수 있는 충분한 자격조건이 된답니다! 우리의 외모, 가정환경, 나이, 성별, 학력, 재산, 사회적 지위와 전혀 상관이 없죠.

이것이 바로 성소에서의 사랑입니다. 죽음의 무덤이 이제 사랑의 성소로 변한 거예요. 하나님과 동거하며 하나님과의 사랑을 맘껏 나누는 곳! 이곳이 바로 성소죠. 밤의 두려움이 떠나고 동녘의 여명빛이 밝아오는 곳! 부활의 새 생명이 죽음의 공포를 다 삼켜버리는 곳! 이제 우리는 이 아름다운 새 생명의 성소로 들어가는 것입니다! 그렇다면 새 생명의 성소는 구체적으로 어떤 모습일까요?

### 지구별 시골소녀

[9]솔로몬 임금님의 지시하에

고운 나뭇결의 레바논 백향목으로 만든

바로 그 황금마차

[10]내 님은 은으로 골조를 세우고, 금으로 지붕을 덮었지

자주색 천으로 등받이 커버를 씌우고,

무두질한 가죽으로 실내를 장식했지

이것이 바로 예루살렘 여인들의 사랑을 입힌 황금마차라네

[11]예루살렘의 여인들이여, 어서 와보세요.

오, 시온의 여인들이여, 이걸 놓치면 후회할 걸요?

내 사랑, 나의 님이 결혼 예복을 갖춰 입었네요.

솔로몬 임금님의 어머니가 임금님 머리 위에 화관을 씌워 주셨네요.
그분의 마음은 기쁨으로 터질 것만 같군요. - 아 3:9~11

　이게 바로 솔로몬의 황금마차, 성소의 모습입니다. 이 마차는 레바논의 백향목으로 만들어졌군요. 백향목이란 나무는 십자가를 의미하고(마치 성전의 번제단처럼 말이죠. 희생제물을 드리던 번제단은 조각목으로 만든 후 구리 도금을 했지요. 조각목, 즉 나무는 우릴 대신해 희생제물이 되어 돌아가신 예수 그리스도의 십자가를 상징하죠), 지붕을 덮은 금은 영광과 영원을 상징합니다(성소를 입힌 금이 바로 하나님의 영광과 영원성을 상징하듯이 말입니다).

　날 위해 목숨까지 바치신 그 숭고한 사랑! 누구도 해치거나 방해할 수 없는 영원한 사랑! 예루살렘의 모든 여자들이 부러워하고 꿈꾸는 사랑의 분위기가 가득 한 곳! 이곳이 바로 성소입니다. 이 사랑의 성소가 바로 왕과 왕후가 결혼하여 부부로

서 함께 사랑을 나눌 궁궐입니다. 그곳은 감격과 기쁨과 아름다움과 영광이 가득 찬 축제의 자리입니다. 예수님께서는 이처럼 '내 어머니의 집, 나를 잉태한 어머니의 방'에서, 버림받은 우리의 본질을 있는 모습 그대로 다 감싸 안아 주시고, 축제와 기쁨의 성소로, 변치 않는 영원한 사랑의 성소로 우릴 초대하셨습니다. 이것이 바로 예수님께서 우리의 아픔을 드러내시고, 우리의 아픔을 대신하셨던 이유입니다.

그런데 '솔로몬 임금님의 어머니가 임금님 머리 위에 화관을 씌워 주었다'고 하네요. 솔로몬의 어머니가 누구인가요? 밧세바죠. 밧세바는 다윗 왕과 간음을 저질러 손가락질을 받던, 저주받고 비천한 여인이었습니다. 솔로몬은 바로 그런 여인의 자식이었던 것입니다.

다시 말해서 솔로몬 역시 '그 어머니의 집, 그 어머니가 자기를 잉태한 곳'이 저주받은 곳이었다는 거죠. 이건 '나도 옛날엔 그대처럼 비천한 신분이었다오. 그래서 그대를 충분히 이해한다오. 그러니 두려워하지 마세요'라고 안심시켜 주면서 배려하는 사랑을 의미합니다. 이것은 마치 예수님이 말구유에서 태어나시고, 그 어떤 인간보다 더 비천해지심으로써, 온전한 이해와 배려로(이것을 '성육신incarnation'이라고 하죠) 우리를 사랑해 주시는 것과도 같습니다.

# 15

## 비 온 뒤 땅이 더 굳어지듯, 우리의 사랑은 더 완숙해지고

**하늘나라 왕자님**

¹⁻³ 오, 내 사랑, 그대는 어찌 이리 아름다운가요?

베일처럼 머리칼에 가려진 비둘기 같은 두 눈

저 멀리 염소떼가 햇빛 찬란한 산비탈을 타고 내려오듯

반짝이며 흘러내리는 찰랑이는 머리카락

그대의 함박웃음은 한없이 자애롭군요.

강인하고 고결하면서도 의미심장한 그대의 미소

그대 입술은 루비처럼 붉고

그대 입은 우아하고 매력적이며

너울로 가려진 그대 두 뺨은 빛나도록 부드럽네요. - 아 4:1~3

십자가와 그 차가운 무덤에서 목숨 바쳐 우리를 사랑해 주신 예수님은 마침내 우리를 진정한 신혼집인 성소로 데리고 들어가셨습니다. 하지만 황금마차에 올라타 궁궐로 들어갔다고 해서 과연 소녀가 마음 편히, 왕후로서 궁궐생활에 완벽적응할 수 있을까요? 소녀의 마음은 여전히 좌충우돌, 갈팡질팡합니다. '난 여기에 걸맞지 않아. 난 자격이 없어'라며 수시로 마음이 닫혀지곤 하죠. 하지만 왕자님은 '그대는 이런 곳에 올 자격이 충분하답니다'라며 격려와 찬사를 아끼지 않네요. 소녀의 눈, 머리카락, 미소, 입술, 입, 뺨… 등등을 일일이 열거하며 그 아름다움에 대해 감탄, 또 감탄합니다!

  예수님이 이렇게 나를 사랑하시고, 기뻐하시고, 불러 주셨으니, 이제 우리는 더 이상 과거에 얽매이면 안 되겠죠. 비록 우리가 반짝이는 황금마차와 화려한 궁궐에 기가 눌려 있지만, 정작 예수님은 그런 데엔 하나도 관심이 없으세요. 오직 나에게만 관심이 있으시죠. 오직 나만 쳐다보시는 거예요. 소녀는 이 성소에서 다시 태어난 거예요. 왕자님의 신부로, 왕후라는 새 신분으로 다시 태어난 거죠. 그래서 예수님은 내 몸의 부위 부위들을 하나씩 찝어가며, 내 세포 하나하나까지, 나의 모든 것을 아름답다고 하시며 사랑해 주시지요.

  이처럼 성소에서의 사랑은 '비둘기처럼 순결하고 순수하며, 염소털처럼 부드럽고, 루비처럼 우아하고 매력적'입니다. 이렇게 성소에서 다시 태어난 우리의 새 생명이 예수님의 사랑을 받으며 점점 더 강건하게 자라나는 것입니다.

### 하늘나라 왕자님

<sup>4-5</sup>그대 목은 다윗의 견고한 석탑

용사들의 방패가 천 개나 걸려있네요

모두들 눈길을 못 떼고 경탄하지요

그대 젖가슴은 새봄 갓 피어난 꽃들 사이에서 풀을 뜯는

한 쌍의 새끼 사슴, 쌍둥이 가젤 같군요. - 아 4:4~5

이처럼 사랑이 아름다워야 하기도 하지만, 동시에 사랑은 안전하고 강인하며 흔들림이 없어야 합니다. 그래서 왕자님은 이 사랑을 '다윗의 견고한 석탑, 용사들의 방패가 천 개나 걸려있는 망대 같다'고 표현합니다.

또한 '새봄 갓 피어난 꽃들 사이에서 풀을 뜯는 한 쌍의 새끼 사슴, 쌍둥이 가젤과 같은 젖가슴'은 생명력과 풍성함을 상징합니다. 흔히 사랑에 빠진 연인들은, 남들은 아랑곳하지않고 자기들 둘만 서로 바라보고 챙겨주는 이기적인 사랑(눈꼴 신 사랑^^)을 하는 경우가 많지요. 그러나 성소에서의 사랑은 그런 이기적이고 배타적인 사랑이 아니라, 주위 사람들에게까지 풍성하게 흘러 넘치는 사랑, 다른 사람들까지 유익하게 해 주는

사랑이랍니다. 주위의 새끼 사슴들과 쌍둥이 가젤까지 먹이는 풍성함, 나눔, 섬김의 사랑이 바로 성소에서의 사랑이지요.

이 사랑이 바로 남녀노소, 빈부귀천과 무관하게, 인간이라면 누구나 갈구하는 예수님과의 사랑입니다. 세상에서는 절대로 찾을 수 없는 사랑이죠. 세상의 사랑은 환상적 사랑이기에, 사랑을 하면 할수록 점점 더 빼앗기고, 상처를 입을 뿐입니다. 하지만 예수님께서는 먼저 우리의 환상을 깨시고, 우리가 사랑할 수 없었던 우리의 본질―버림받음―을 십자가에서 대신 감당해 주심으로써 우리를 치유하신 후, 결국 우리에게 이렇게 아름다운 성소의 사랑을 주신답니다.

# 16

# 다시 한번 확인하고 건너는 사랑의 돌다리

**하늘나라 왕자님**

⁶날 초대해 주오 몰약의 산에

내가 가서 머무르리 유향의 언덕에

캄캄한 밤이 와서 새벽빛을 내쉬기 전까지 – 아 4:6

그런데 이 성소의 사랑에 신부는 여전히 익숙하지가 않은 것 같군요. 잠깐 그 사랑에 취해 있는 듯하다가 다시 '캄캄한 밤'이 오자, 자신의 버림받음의 상처와 과거 노예 신분이 생각나면서 또 다시 흔들리네요. 그러면서 신부는 '나는 이런 사랑을 받을 자격이 없어'라고 다시 비관합니다. 마귀 역시 이 기회를 놓치지 않고 우리 귓전에 그럴듯한 거짓말로 속삭이지요. '너 죄인이 잖아? 너 더럽잖아? 너 추하잖아? 네가 무슨 왕후야? 너 따위가 왕자님의 사랑을 받는다고? 그게 말이 되니?'라면서 말이죠.

그때 예수님은 '몰약의 산'과 '유향의 언덕'으로 오시겠다고 하십니다. 앞에서도 언급했듯이 몰약과 유향은 장례용품으로, 예수님의 죽음을 상징하죠. 다시 말해 '몰약의 산'과 '유향의 언덕'은 예수님께서 십자가에 달려 돌아가셨던 골고다산을 의미하는 것입니다. 우리 내면의 깊은 상처가 올라올 때마다, 마귀가 우리를 속이려 들 때마다, 우리가 흔들리고 방해받을 때마다, 예수님은 이처럼 골고다산 십자가를 통해 대속의 은혜를 확인시켜 주십니다.

"네가 못난 게 뭐야? 네 죄가 어디 있어? 내가 다 대신했는데? 내가 네 대신 버림받았는데? 넌 이제 의로운 존재란다. 넌 이제 사랑받는 존재라구. 만약 네 속에 어두움, 두려움이 또 다시 올라오면, 몰약의 산과 유향의 언덕(골고다산)을 꼭 기억해. 내가 십자가에서 네 모든 문제들을 다 해결했다는 걸 잊지 마. 그리고 이젠 아무 걱정하지 마."

예수님은 이렇게 우리를 재차 확인시켜 주십니다. 우리에게 다시 사랑의 자리로 돌아가, 주님과의 사랑을 맘껏 즐기라고 격려해 주시죠.

### 하늘나라 왕자님

머리끝부터 발끝까지 아름다운 그대, 귀여운 내 사랑,

비할 데 없이 아름답고, 흠 없이 완벽한 내 여인이여! - 아 4:7

'아냐, 나는 완벽하게 아름다워. 이 세상에서 가장 사랑스럽다고, 가장 예쁘다고 예수님이 그러셨어. 실제 내가 예뻐서가 아니라, 실제 내가 완벽해서가 아니라, 실제 내가 사랑스러워서가 아니라, 예수님의 생명을 내게 나눠 주셨기 때문에 내가 아름다운 거야. 완벽하게 아름다우신 그분이, 완벽하게 사랑스러우신 그분이, 내게 당신의 생명을 나눠 주셨기 때문에 그 덕에 내가 완벽하게 아름다운 거라구. 예수님이 그 사랑의 눈길로 날 바라봐 주시니 내가 흠없이 사랑스러운 거야'라는 의식을 가지고 다시 성소의 사랑으로 돌아가라고 예수님은 재차 우리를 격려하십니다.

### 하늘나라 왕자님

⁸나의 신부여, 나와 함께 레바논을 떠나요.

레바논을 뒤로 하고, 어서 오세요.

높은 산의 은신처를 떠나 내게 오세요.

사자를 벗삼아, 퓨마를 호위병 삼아

그동안 홀로 지내던 광야를 떠나 내게 오세요. - 아 4:8

예수님은 그동안 혼자만의 은신처로 도피한 채 숨어서, 몰래 벌벌 떨며 환상적 사랑에만 빠져 있던 우리에게, 이제 그곳을 벗어나 당신 품으로 오라고 격려하십니다. 이제는 변화된 신분으로 떳떳하게, 왕후처럼 당당하게 예수님과의 사랑을 즐기라는 것입니다. 이렇게 주님과의 사랑은 더욱더 깊고 온전하며 '하나가 되는' 사랑으로 완숙되어 갑니다. 그리고 '사자를 벗삼아, 퓨마를 호위병 삼아 나와 같이 세상으로 나가자꾸나'라고 하십니다. '메뚜기처럼 벌벌 떨며, 네 인생 네가 책임져야 한다고 종처럼 눌려 살지 말고, 이젠 나와 사랑을 나누는 나의 신부로 당당하게 누리면서 살아'라고 하시죠.

### 하늘나라 왕자님

[9-11] 내 사랑스런 친구, 내 마음을 사로잡은 그대
나는 그대 눈길에 사로잡힌 채, 사랑에 빠져 버렸네
단 한번의 눈길에 나는 맥없이 사랑에 빠져 버렸네
오, 나의 사랑스럽고 귀여운 친구,
그대의 사랑이 어찌나 아름다운지
향기로운 최고급 포도주보다 훨씬 더 날 취하게 하네
그대의 향기가 얼마나 이색적인지
고급스런 극상품 향료보다 훨씬 더 날 즐겁게 하네
오 내 사랑, 그대 입술의 키스는 꿀처럼 달고,

> 그대 입에서 나오는 한마디 한마디는 감칠맛이 난다오.
> 그대 옷의 향기는 야생의 상큼함,
> 높은 산에서 풍겨나는 맑은 공기내음 – 아 4:9~11

예수님은 나에게 마음을 온전히 사로잡혔다고, 나와 사랑에 빠져 나에게 완전히 취해버렸다고 하십니다. 포도주에 취하듯, 향료에 취하듯 말이죠. 이것을 다른 말로 표현하면, '내 안에 내가 있는 게 아니라, 네가 있구나. 내 안은 너로 가득 차 있구나(내 안에 너 있다!^^). 포도주의 맛과 향이 내 안을 가득 채워 진동하듯이….'라는 뜻이죠. 이처럼 예수님이 잠시도 내게서 눈길을 못 떼시면서 나만 사랑하시는 게 바로 성소에서의 사랑입니다. 내가 예수님의 마음을 온통 사로잡고 빼앗아 예수님의 마음과 몸을 진동시킨다는 것이죠.

'오 내 사랑, 그대 입술의 키스는 꿀처럼 달고, 그대 입에서 나오는 한마디 한마디는 감칠맛이 난다오'라면서 나와 입맞춤으로 하나가 되고 싶어하시고, 나의 말 한마디 한마디를 만면의 미소로 주의 깊게 들어주시며, 온몸으로 리액션 해 주시는 예수님의 모습이 상상이 되세요? 그런데 이건 결코 상상이 아니랍니다. 환상이 아니죠. 실제로 내 안에 살아 계시는 예수님께서 날 그렇게 뜨겁게 사랑하고 계세요. 이건 엄연한 사실이랍니다!

### 하늘나라 왕자님

[12]사랑스런 나의 연인, 나의 친구

그대는 비밀의 화원,

은밀하고 순결한 샘물 – 아 4:12

'비밀의 화원, 은밀하고 순결한 샘물' 이것은 여인의 성기에 대한 시적 표현으로서 순결한 신부를 상징합니다(개역성경에서는 '잠근 동산, 덮은 우물, 봉한 샘'이라고 번역했지요). 우리는 주님 앞에서 결코 순결하지 않습니다. 하지만 예수님께서는 우리를 순결하다고 봐 주시죠. 그리고 부부가 성적으로 하나되듯이, 그 정도로 친밀하게, 예수님은 나와 하나되길 원하시는 것입니다. 아무런 방어나 꾸밈이 없이, 온전히 벗은 모습으로, 나의 있는 모습 그대로를 기뻐하시고, 내 속에 들어오길 원하십니다. 그리고 내가 그분 속에 들어가길 원하시지요.

나는 포도나무요 너희는 가지라

그가 내 안에, 내가 그 안에 거하면 사람이 열매를

많이 맺나니 나를 떠나서는 너희가 아무 것도 할 수 없음이라

– 요 15:5

내 손만 잡아 주셔도 되는데, 주님은 왜 이다지도 나와 친밀

한 사랑을 나누길 원하시는 걸까요? 왜 이렇게까지 나와 깊이 하나되길 원하시는 걸까요? 그분은 우리와 이러한 친밀한 사랑을 나누시기 위해 태초부터 얼마나 많은 것을 준비하셨던가요? 그 수많은 희생과 배려와 기다림, 이 모든 것이 다 우리와 하나되시기 위해서였지요! 그분이 내 안에, 내가 그분 안에 들어가 살길 원하셨던 것입니다!

## 하늘나라 왕자님

13-15 그대 몸과 영혼은 지상의 낙원

잘 익은 살구와 복숭아

탐스런 오렌지와 배

과즙 물씬 주렁주렁 열매 가득 과수원

아몬드 나무와 계피

온갖 향이 가득한 숲

박하와 라벤더

그리고 갖가지 향의 허브들

레바논 산기슭의 샘물이 이룬

톡톡 튀며 반짝이는 정원의 분수

## 지구별 시골소녀

¹⁶북풍아 일어나렴

남풍아 불어오렴

나의 정원에 숨결을 내쉬어

달콤한 향기로 공기를 채워 주렴

사랑하는 내 님이 정원에 들어오시도록

내 님이 맛있게 무르익은 과일을 맛보시도록 – 아 4:13~16

무덤에서의 향기도 진했지만, 이제는 성소에서 피어나는 새 생명의 향기가 너무나 깊고도 진해, 지나가던 사람들까지 그 향기를 맡고, 그에게서 흘러나오는 사랑을 함께 누립니다. 나와 예수님의 '하나됨의 사랑'이 너무도 깊고 진해 그 향기가 진동해서 흘러나오는 거죠. 여기에 바로 사랑의 신비가 있습니다.

애초에 사랑하는 게 불가능한 우리, 사랑의 중도포기자인 우리는, 의지적으로 노력해서 사랑을 할 수 있었던 게 아니었습니다. 예수님의 사랑을 받으면, 예수님과 사랑을 나누면, 사람까지도 절로 사랑할 수 있게 되는 거지요. 내 속의 쓴 냄새를 위장하기 위해 싸구려 인조 향수를 뿌려 봤자 그건 역겨움을 줄 뿐입니다. 하지만 우리 마음 속 성소에서 사랑의 향기가 넘쳐 흐른다면 사람들이 절로 몰려들어 그 향기를 즐기게 되지요. 그러면서 인간관계에서 잃어버렸던 사랑도 다 회복할 수 있게 된답니다. 우리는 그저 이 성소의 사랑에만 집중하면 됩니다. 그럼 배우자와, 가족과, 믿음의 지체들과, 더 많은 이웃과의 사랑 역시 자연스럽게 다 회복이 되는 것입니다.

# 17

# 아~ 우리의 젊음을 위하여
# 잔을 들어라!

**하늘나라 왕자님**

¹나는 갔다네, 나의 정원으로

나의 사랑스런 친구, 내 최고의 사랑에게로!

몰약과 향료의 향기를 가슴 가득 들이마시며….

과일과 꿀도 먹고

과즙과 포도주도 마셨지

벗들아, 함께 즐거워하자

잔을 높이 들고 다 함께 건배!

"생명을 위하여, 사랑을 위하여!" – 아 5:1

이처럼 우리 마음 속, 성소에서 예수님과의 사랑이 점점 깊어지면서, 그 사랑은 열매 맺고 성장하여 점점 충만해집니다. 그런데 이때, 예수님께서는 '몰약과 향료의 향기를 가슴 가득 들이마시라'고 하시네요. 계속 반복되는 이야기지만, 몰약과 향료는 예수님의 장례용품, 즉 예수님의 죽음을 상징합니다. 즉 십자가를 통해 우리를 의롭다 하시며, 자녀와 신부로 삼아 주시고 기뻐하신다는 뜻입니다. 그 사랑을 먹고 마시라는 것이죠. 그리고 이 사랑을 '과일, 꿀, 과즙, 포도주'라고 하십니다. 이것은 의에 주리고 목마른 우리에게 십자가에서 이루신 의의 떡(예수님의 몸)과 포도주(예수님의 피)를 먹고 마심으로써 예수님과 한 몸을 이루라는 말씀이죠.

이처럼 하나님이 우리를 의롭게, 우리를 '신분세탁'해 주셨습니다(오로지 예수님의 뼈으로!^^). 이러한 확신을 가지고, 성소에서 예수님과의 사랑을 계속해 나갈 때, 그 사랑이 더욱 원숙하게 성장해 나갈 수 있는 것입니다. 또한 친구들, 사랑하는 사람들, 즉 공동체(교회)도 함께 먹고, 함께 그 사랑을 누리며 즐거워하라고 하십니다. 이처럼 성소의 사랑은, 혼자서만 누리는 사랑이 아니라, 온 공동체가 함께 누리며 성장해 나가는 사랑이랍니다.

# 18

## 낙엽이 지거든 물어보십시오
## 사랑은 왜 낮은 곳에 있는지를

(안도현, 가을엽서)

마침내 소녀는 왕자님의 사랑을 받아들임으로써 둘이 하나가 되는 친밀한 관계를 누리면서 다른 사람들까지 초청해 같이 나누며 살게 되었습니다. 그런데 여기에서 "소녀는 그렇게 '탕자가 아닌 장자'로, '잃은 양이 아닌 모범생 양'으로, '죄인이 아닌 의인'으로 행복하게 오래오래 살았답니다."라고 이 러브스토리의 결말이 나야 하는데 여기에 또 한번 반전이 있네요.

### 지구별 시골소녀

[2]내가 깊이 잠들었지만, 꿈에선 완전히 깨어 있었죠

오, 들려오네요!

내 님의 문 두드리는 소리가, 날 부르는 소리가!

### 하늘나라 왕자님

내 사랑스런 동반자, 내 귀여운 친구여, 날 좀 들여보내 주길

나의 비둘기, 날 황홀케 하는 내 사랑!

나는 까만 밤의 어두움에 젖었다오.

밤이슬에 흠뻑 젖어, 추위에 으슬으슬 떨고 있다오.

### 지구별 시골소녀

[3]하지만 난 잠옷 차림인 걸요? 지금 옷을 차려 입으라고요?

목욕하고 이미 자리에 누웠는 걸요?

몸이 다시 더러워지면 어쩌라고요? – 아 5:2~3

  소녀가 다시 깊이 잠들었는데, 사랑하는 왕자님이 또 문을 두드립니다. 그런데 뜻밖에도 소녀가 문을 열어 주기 싫다고 하네요? 더 어이없는 것은, 문을 열어 주기 싫은 이유가 '옷 입는 게 귀찮아서, 몸이 다시 더러워지는 게 싫어서'라는 겁니다. 물론 자다 일어나 문 열어 주는 게 좀 성가신 일인 건 사실이지만, 사랑하는 연인에게 문 열어 주기를 꺼려하다니…? 정말 말도 안 되는, 어처구니없는 반응이죠.

  하지만 여기에서 우리는 중요한 키워드를 발견할 수 있습니

다. 다름 아닌 '내가 깊이 잠들었지만, 꿈에선 완전히 깨어 있었죠'라는 표현입니다. 이것은 우리의 무의식을 의미합니다. 아가서가 쓰여진 게 지금으로부터 약 3천년 전인데, 프로이드의 심리학 이론이 전혀 알려지지 않았던 당시, 솔로몬은 어떻게 이런 무의식의 세계를 알고 이런 표현을 했는지 정말 놀랍기만 합니다. 역시 '모든 성경은 하나님의 감동으로 된 것(딤후 3:16)'이란 말씀이 진리임을 새삼 확인하게 되는 성경 본문입니다.

이 본문은 '우리 마음은 예수님께 문을 열어드리고 싶으나, 몸은 비몽사몽 중에 말을 안 듣는 상태'를 표현한 것입니다. 즉 우리의 의식은 사랑에 참여하나, 무의식에서는 자기도 모르는 일이 벌어지고 있다는 거죠. 신랑이 문밖에서 밤이슬을 맞도록 방치한 채, 신부가 신랑을 거부하는 것입니다. 소녀의 의식에서는 친구들까지 초청해 잔치를 벌이고 있는데, 무의식에서는 여전히 버림받음의 상처로 인해 전적으로 잔치에 참여하지 못하는, 즉 전 인격적으로 사랑에 참여하지 못하는 상태를 말하는 것입니다.

내 속에 1등부터 100등까지 수많은 내가 있는데, 그게 온전히 다 나오질 못하는 거죠. 97등까지는 그나마 예수님을 만나 사랑을 즐기고 있는데, 98-100등을 향해서는 '너희는 안돼. 예수님도 너희는 안 받아 주실 거야'라며 눌러 놓는 거죠. 그런데 예수님은 어느새 100등에게 가 계세요. 주님과의 잔치에 참여하지 못하는 내 깊은 부분을 찾아가시는 거예요. 거기에서 또 문을 두드리고 계세요. 하지만 98-100등은 '우리마저 나가면 우리가 집안 망신 다 시키고, 산통 다 깨뜨릴 거야'라면서 기가 죽어 차마 나오지 못하고 있는 거죠. 부끄럽고 두렵고 힘드니까 그냥 드러누워 있는 거예요. 옷을 벗었다는 핑계, 몸을 씻었다는 핑계를 대며 귀찮아하는 거죠. 지금 성소에서 주님과 뜨거운 사랑을 한창 키워 나가고 있는데, 이런 예상치 못한 일이 또 다시 생기다니…!

하지만 예수님께서는 '내가 십자가에서 널 대신해 죽은 것은, 네 인격의 가장 못난 부분, 가장 더러운 부분까지 껴안기 위함이었단다. 그래서 이제 넌 전인격이 다 의롭단다(100등까지 전부 다!). 네 전체가 다 사랑스럽다구!'라고 간곡히 말씀하시며 우리의 마음 문을 밤새 두드리시죠. 그런데 내 영혼은 이 얘기를 깨어서 듣고 있지만, 내 육신은 잠이 든 채로, 일어나 반응하길 싫어한다는 얘기입니다. 즉 우리의 영혼은 이미 거듭났지만, 우리의 몸은 여전히 과거 예수님을 알지 못하던 때, 복음에 참여하지 못하던 때의 모습에 얽매여 있다는 것입니다.

과거의 습관과 인식이 예수님과 우리의 사랑을 방해하는 거죠. '나는 버림받아 마땅해. 난 죄 투성이고, 흠 투성이고, 더럽고, 게으르고, 이기적이야'라고 스스로를 계속 비난하는 과거의 습관 말이에요. 과거의 습관들이 복음 가운데 깨어나지 못

하고, 잠을 자고 있는 거예요. 예수님이 그처럼 애절하게 문을 두드리고 계시는데도, 나가서 주님과 복음을 무의식 수준으로까지 깊이 영접할 생각을 안 하는 거예요. 성소에서 새 생명이 의를 먹고 마시면서 계속 성장해야 하는데, 그러지 못하고 스스로 '네가 무슨 의인이야? 네가 어떻게 사랑스러워? 네가 아름답다고? 네가…?'라고 정죄하면서 방해하는 거죠.

하지만 예수님은 '아냐, 그건 속임수야. 넌 더 이상 예전의 네가 아냐. 내가 너의 연약함과 죄악을 대신 해결했단다. 그러니 너는 이제 의인이야, 너는 사랑스러워, 너는 할 수 있어'라며 밤새도록 밤이슬을 맞아가며 계속해서 내 무의식의 문을 두드리시죠.

'정신차려, 속지 마, 옷 벗은 것, 몸 더러워지는 것이 뭐가 문제야? 넌 이미 성소에 들어와서 나와 사랑을 나누고 있는데, 네가 벗은 것 가지고 내가 뭐라고 할 것 같아?'라며 계속해서 우리를 복음으로 깨우신답니다.

## 지구별 시골소녀

<sup>4-5</sup>하지만 내 사랑은 막무가내로 더 세차게 문을 두드리는구나

문틈으로 손을 내미는구나

그럴수록 내 마음이 흥분되어 견딜 수가 없구나

그래서 내 사랑에게 문을 열어주려 일어났지

따뜻하게 내 님을 맞아들이려고

내가 갈망과 설레임으로 문 손잡이를 돌리니

내 손에서 몰약이 뚝뚝 떨어지는구나 – 아 5:4~5

예수님은 포기하지 않고 애원하십니다. 밤새도록 이슬을 맞으시면서 문을 열어 달라고 애걸하시죠. 문을 계속 두드리시며 문틈으로 손을 내미십니다. 십자가에 못 박힌 바로 그 손을 말이죠. 그 손을 보며 '아, 예수님이 날 위해 죽으셨지'라고 내가 다시 정신차리고 일어나 문을 여는데, 내 손에서 몰약이 뚝뚝 떨어집니다. 몰약은 앞에서도 나왔듯이 예수님의 죽음, 십자가를 의미하죠. 떨어지는 몰약을 보며 나를 위해 돌아가신 예수님의 사랑을 기억한다는 것입니다. '내가 널 대신해 십자가에서 모든 죄와 상처를 다 감당했으니 더 이상 두려워하지 마. 나는 창조주야. 피조물의 바닥까지 다 알아. 그리고 네 속의 100등, 꼴찌까지 다 끌어안을 준비가 되어 있단다'라고 말씀하시는 예수님의 사랑을 기억하는 거죠.

### 아가서의 황금마차 10호

# 우리의 무의식까지 들어오기 원하시는 예수님

예수님은 왜 이렇게 우리의 가장 깊은 인격, 즉 무의식의 영역에까지 들어오시려는 걸까요? 이미 구원받은 걸로 충분한데 말이죠. 여기에서 우린 '십자가의 대신하심'의 궁극적 목적을 발견할 수 있습니다. 예수님께서 만약 내 인격의 97등까지만 수용해주시고, 98~100등에 대해서는 '아무래도 여기까진 안 되겠다. (아무리 내가 예수라도^^) 이건 도저히 못 봐주겠다구!'라고 하신다면 어떤 일이 벌어질까요? 아마도 다음과 같은 결과가 생길 겁니다.

우리가 처음엔(97등까지는) 예수님의 사랑에 감격하여 은혜로 나아가다가, 그 다음(98등)부터는 '나의 의(自己義)'로 하나님을 기쁘시게 하겠다고 노력할 것입니다. 나 스스로 자신을 정죄하는 마음, 즉 선악과를 따먹는 마음, 내가 심판주가 되어서 선악을 판단하고, 그 기준에 따라 나 스스로 의로워지려는 마음, 내가 하나님처럼 눈이 밝아져 하나님의 자리에 앉으려는 마음을 갖게 되는 거죠. 하나님께서 우리에게 원하시는 것은 결코 그런 게 아니랍니다.

하나님께서 우리에게 정말 원하시는 것! 그것은 바로 '우리와의 사랑의 관계'지요. 그래서 하나님께서는 우리를 구원하실 때에도 '관계'에 기초해 구원해 주세요. 아브라함도 하나님을 믿음으로써, 하나님과의 '신뢰 관계'가 형성되었기에 그를 의롭다고 해 주셨고, 구원해 주셨던 거예요.

> 성경이 무엇을 말하느뇨 아브라함이 하나님을 믿으매
> 이것이 저에게 의로 여기신 바 되었느니라 – 롬 4:3

욥기에서도 욥의 친구들은 다 '옳은' 이야기만 했어요. 그들은 그저 의로워지려고만 했지요. 하지만 욥은 의로워지는 데에는 관심이 없었고, 오로지 '하나님과의 관계'에만 집중했어요. 그래서 욥은 끝까지 '하나님과의 관계'에 대해 질문해요.

하나님께서는 내가 '흠이 없다'는 조건으로 날 사랑하시는 게 아니라, 나의 전존재, 전인격을 무조건적으로 사랑해 주십니다. 그런데 우리는 하나님 앞에서 '장자, 의인'이 되려고 해요. 그것은 내가 하나님이 되려는 것으로, 아주 교만한 태도죠. 자녀들 중에도 아주 경우 바르고, 뭐든 잘 하지만, 부모에게조차 너무 깍듯해서 별로 정이 안 가는 자녀가 있는가 하면, 늘 사고나 치고 부모에게 돈이나 뜯어가는, 그렇지만 부모랑 아주 친해서 농담도 하고, 장난도 치고, 간지럽히기도 하고, 다 컸는데도 엄마 젖을 만지고…하는 자녀가 있잖아요? 부모 입장에서는 누구에게 더 정이 갈까요? 그저 바르고 반듯한 자녀? 아니면 날 좋아해주는, 나랑 친밀한 자녀? 아마 대부분의 부모가 친밀한 자녀를 더 좋아할 거예요.

그런데 우리는 하나님 앞에서 자꾸만 반듯한 자녀가 되려고 하죠. 하나님은 친밀한 자녀를 더 원하시는데 말이죠. 자기가 의로워지겠다는 것은, 자기가 아버지가 되겠다는 뜻이에요. 장자는 자기가 아버지 곁에서 아버지께 순종하며 아버지를 위해 많은 희생을 했다고 생각했어요. 하지만 정작 아버지의 마음을 이해하지도, 아버지와 친밀한 관계를 갖지도 못했지요. 장자는 부모와 친해지기가 어려워요. 하지만 탕자는 부모와 아주 친밀한 관계를 유지하죠.

하나님은 끝없이 우리와 사랑의 관계를 맺고 싶어하세요. 반듯하고, 경우 바르고, 남에게 해 안 끼치고, 도리를 다하는 사람이 인간 사회에서는 더 환영받을 지 모르지만, 하나님은 그런 사람보다 하나님을 '바르게' 만나는 사람을 더 원하세요. 하나님은 우리와 관계를 맺고 싶어하시기 때문이에요. 친밀한 사랑의 관계를 말이죠. 그런데 신기한 것은, 우리가 하나님과 깊은 관계를 맺는 데 우선순위를 두면, 그 다음에 우리의 행동도 절로 반듯해진다는 거죠(일단 탕자가 되고 나면, 나중에 저절로 모범생 장자가 된다는 거예요. 일단 죄인이 되고 나면, 나중에 자연스럽게 의인이 된다는 거죠).

하나님께서 십자가의 증거를 주신 이유는, 나의 부끄러운 것, 더러운 것, 아픈 것, 외로운 것을 다 씻어 주시고 우리 마음 속 맨 아래까지 내려오셔서 나와 깊은 사랑을 하고 싶으셨기 때문이에요. 거기에서 진정한 사랑의 관계가 싹트니까요. 97등까지만 내놓는 것은 조건부 사랑이에요. 그런 사랑은 금방 식어버리죠. 그것은 내가 선악과를 따먹고, 내가 의인이 되어, 계약관계로 하나님께 나아가겠다는 뜻이니까요. 그건 사랑의 관계가 아니에요.

하지만 주님은 나의 맨 밑바닥으로 내려오셔서, 더 깊은 사랑을, 더 깊은 감동을 주기 원하세요. 왜냐구요? 가장 못난 것, 가장 꼴찌까지 사랑하는 게 진정한 사랑이니까요. 밑바닥으로 내려가는 것은 은혜와 사랑이 아니면 절대 할 수 없으니까요. 그런 사랑은 결코 식지 않죠. 금식하고, 새벽기도 하고, 성경 읽고… 이런 종교생활로 자꾸 의로워지려 하면 그건 하나님의 마음을 모르는 거예요. 우리는 하나님 앞에서 우리가 잘하는 것을 내세우며 버티려 하지만, 주님은 우리의 부끄러운 것, 못난 것, 더러운 것을 찾아내, 그것까지 품기 원하세요. 그래서 우리가 무의식 속에 꼭꼭 감추어 둔 잃은 양 한 마리, 그 꼴찌를 그토록 산 넘고 물 건너 힘들게 끝까지 찾아오시는 거랍니다.

자, 다시 한번 정리해 볼까요?
**우리의 중심 = 뿌리 = 100등(꼴찌) = 신음하며 벌벌 떠는 우리의 무의식 = 주님과 만나는 곳!**

# 19

## 당신의 흔적이라면
## 그 어떤 것이라도

**지구별 시골소녀**

⁶하지만 문을 열어보니 내 님은 사라지고 없었네

내 사랑하는 님은 기다림에 지쳐 가버리고 말았네

난 미칠 것만 같았어, 죽고만 싶었어

이내 달려나가 내 님을 찾아 헤맸지

하지만 그 어디에도 내 님의 자취는 없는 걸…?

어둠 속에서 그토록 외쳐 불렀건만, 아무 대답이 없는 걸…?

– 아 5:6

그런데 이게 또 웬일인가요? 밤새 이슬을 맞으며 문을 두드리시던 왕자님께 마침내 문을 열어드렸는데, 그분이 또 안 계신 거예요. 사랑하는 왕자님을 잃어버린 소녀는 그 상실감이 너무 커서 미쳐버릴 것만 같았어요. 상사병이 나 죽고만 싶었죠. 그래서 또 다시 온 도시를 찾아 헤매며 돌아다니죠.

### 지구별 시골소녀

<sup>7-8</sup> 그때 어두운 도시를 순찰하던

야간 경비원들이 나를 발견하고는

내 뺨을 갈기고, 내 옷을 벗긴 후

나를 때려 멍들게 했다오.

도시의 치안을 책임진다는 경비원들이 어떻게 그럴 수 있을까?

<sup>8</sup> 예루살렘 여인들이여, 내가 이렇게 간청할게요.

내 님을 보거든 부디 그분께 전해주세요.

내가 그분을 간절히 찾고 있다고,

내 님을 너무도 사랑해 내 마음에 병이 났다고···. – 아 5:7~8

전에는(3장) 소녀가 사라진 왕자님을 찾아다니다가 곧 만났었죠. 그런데 이번에는(5장) 왕자님을 쉽게 찾질 못해요. 게다가 사람들이 소녀를 때리고 웃옷까지 벗기면서 조롱하고 학대합니다. 그럼에도 불구하고 소녀는 왕자님 찾기를 포기하지 않습니다. 사랑하는 님을 찾지 못하느니, 차라리 죽는 게 낫다고 해요.

그렇다면 예수님이 정말 사라지신 걸까요? 절대 그렇지 않죠. 이것은 마귀가 우리를 속이는 겁니다. 우리의 과거의 버림받음, 불신, 두려움의 상처를 이용해서, 우리가 예수님을 느끼지 못하도록, 마치 예수님이 우릴 떠나신 것처럼 속이는 거죠. 그렇게 우리로 하여금 좌절하고 포기하게 함으로써 우릴 다시 드러눕게 하고, 잠들게 하려는 책략인 거죠. 그렇다면 하나님께서는 마귀의 이러한 방해를 왜 허락하실까요? 그것은 우리로 하여금 예수님과의 사랑을 다시 한번 확인하게 하시기 위해서랍니다. 즉 핍박과 조롱, 학대 가운데에서, 믿음의 연단과 시련을 통해 오히려 주님을 향한 우리의 사랑이 더 굳건히 자라나게 하시려는 것이죠.

## 우리가 사랑을 하려고 마음을 여는 순간, 사랑이 아닌 다른 것이 올라온다

사랑의 중도포기자로, 애초부터 사랑을 할 수 없었던 우리, 그래도 사랑을 해보겠다고 용기를 내어 가까스로 마음 문을 엽니다. 그런데 이게 웬일이죠? 내 마음에서 사랑이 올라오는 게 아니라, 버림받음의 상처가 올라오네요. 이렇게 우리는 사랑을 하려 하면 '사랑의 병'을 앓게 되면서, 행복해지는 게 아니라 점점 더 불행해지고 맙니다. 사랑을 하려 할수록 점점 더 힘들어지는 거죠.

신혼여행이라는 환상이 끝나고, 결혼생활이라는 현실로 들어서면, 그때부터 마음 속에서 '버림받음'의 상처가 올라와 부부가 격렬하게 싸우기 시작합니다. 이런 일을 반복해서 겪으면, 점점 더 마음 열기가 힘들어지지요. 그러다 결국 상대방을 향해 마음을 닫아버리고 맙니다. 마음을 열어 봤자 사랑은 커녕 버림받음, 굶주림, 분노만 올라오니, 그리고 그것들과 싸우는 게 너무 피곤하니, 그냥 마음을 닫아 자신을 억압하고, 회피하고, 학대하는 쪽을 택하는 거죠.

모든 생명체는 사랑을 갈구합니다. 사랑하고 싶어서 내 안의 생명이 올라오는데, 그와 함께 올라오는 상처가 아프다고, 우린 이 생명을 그냥 억압하고 눌러버립니다. 이렇게 우리는 마음을 닫은 채, '환상적 사랑'만 고집하죠. 사실 연애할 때 주고받던 환상적 사랑은 마음을 연 상태에서 하는 사랑이 아니랍니다. 그러다 진짜 사랑이 진행되려 하면, 우리 마음이 겁을 내고 놀라서 도망가 버려요. 이것이 아가서 1장과 2장의 내용이지요.

우리가 진정한 사랑을 하기 위해서는 반드시 사랑의 아픔을 인정하고,

그 과정을 겪어가면서 치유를 받아야 합니다. 아픔이 있다는 사실을 무시거나, 치료받기를 거부하면 우리는 끝내 사랑할 수가 없기 때문이지요. 그리고 이 사랑의 아픔을 고칠 수 있는 분이 바로 예수님이십니다. 우리는 사랑할 수 없는 큰 상처를 받은, 사랑의 중도포기자들이지만, 우리의 깊은 상처가 있는 곳까지 내려오셔서 우리 아픔을 대신 짊어지시고 회복시켜 주시는 예수님은 우리의 사랑의 아픔을 얼마든지 치유해주실 수 있으십니다. 우리는 자신의 의지와 노력만으로 결코 사랑할 수가 없습니다. 궁중의 왕후가 되었건만, 말로는 믿음으로 사랑을 누리고 있다고 하지만, 여전히 우리 마음 속 깊은 곳엔 사랑받을 수 없는 마음-꼴찌-이 숨겨져 있기에 부분적 사랑에 그치고 맙니다. 과거의 상처에 얽매여 사랑에 온전히 참여하지 못하는 거죠. 그래서 우리는 의식으로만 하는 사랑이 아닌, 온 몸과 마음과 영혼이 다 참여할 수 있는 '사랑의 회로(길)'를 형성해야 합니다. 본문의 소녀 역시 환상이 깨지면서 사라졌던 왕자님을 다시 찾아 마음을 열고 더 깊이 사랑합니다. 이것이 아가서 3장과 4장의 내용입니다.

그러다 사랑이 점차 깊어져 이번엔 무의식으로까지 내려가, 전인격적으로 마음을 열고 예수님을 찾아 헤매는데, 이땐 공격과 핍박까지 받게 됩니다. 게다가 이번엔 아무리 찾아도 예수님이 쉽게 나타나질 않으세요. 물론 이때에도 소녀는 버림받음의 상처로 인해 또 다시 마음에 병이 날 정도로 괴로워하지만, 이번엔 쉽게 포기하지 않아요. 이번 버림받음은 예전의 버림받음과 달라요. 손에서 뚝뚝 떨어지는 몰약즙을 보고, 바닥까지 찾아오신 주님의 십자가 사랑을 묵상하며 확신을 갖죠. 전에는 은혜로 쉽게 찾았던 그분을, 이번엔 핍박까지 받고, 쉽게 찾지 못함에도 불구하고 소녀는 끝내 포기하지 않아요. 문틈으로 내미셨던 예수님의 못 박히신 그 손, 몰약이 뚝뚝 떨어지는 그 손을 기억함으로써 결국엔 사랑을 쟁취합니다! 이것이 아가서 5장의 이야기랍니다.

### 예루살렘 여인들

⁹아름다운 아가씨,

그대가 사랑하는 사람이 뭐 그리 대단하다고 그래요?

그 사람이 뭐 그리 특별하다고

이렇게까지 우리에게 간청을 하는 건가요? - 아 5:9

그런데 예루살렘 여자들이 '때려 쳐, 포기해'라고 말하는군요. '세상에 널린 게 남자야. 이 남자만 뭐 특별하다고 그래?'라고 하죠. 이것은 마귀의 속임수예요. '넌 왜 늘 왕자님만 찾니? 옛날엔 나랑 재미있게 놀았잖아? 다시 저 화려한 세상으로 가서 나랑 같이 신나게 놀자'라며 마귀가 계속 유혹하는 거죠. 하지만 소녀는 거기에 넘어가지 않고, 왕자님을 사랑할 수밖에 없는 이유를 열거하기 시작합니다.

### 지구별 시골소녀

¹⁰⁻¹⁶내 사랑하는 그대는 건강미가 넘쳐 흐르죠.

생기 가득 환하게 빛난답니다!

수백만 명 중 최고인 내 님,

이 세상 어느 누구도 그분과 같을 순 없죠.

결코 바래지 않는 정금처럼 빛나는 분

어깨를 타고 흘러내리는 까마귀처럼 검은 머리칼

비둘기처럼 다정스레 빛나는 내 님의 눈망울은

깊은 우물에서 넘쳐나는 맑은 물과도 같아라

강인한 얼굴, 지성미 넘치는 턱수염

확신에 가득 찬 목소리

더할 수 없이 따뜻한 말

피부 아래 조용하고도 아름답게 파도치듯

잘 다듬어진 탄탄한 근육

상아처럼 단단하면서도 매끄러운

조각 같은 몸매

깊이 뿌리내린 강인한 백향목 같은 훤칠한 키

내 님은 그렇게 우뚝 서 있지요.

나무와 바위 내음 물씬 풍기는 험산준령처럼

그분의 이야기는 다정한 입맞춤, 그분의 입맞춤은 다정한 속삭임

내 님의 모든 것이 날 즐겁게 하고,

내 님의 모든 것이 날 전율케 하네

하나부터 열까지 모든 것이!

친애하는 예루살렘 여인들이여,

이분이 바로 나의 사랑, 나의 남자랍니다. – 아 5:10~16

소녀는 과거 왕자님과의 사랑을 추억하며 그분을 기억해 냅니다. 그분이 자기를 얼마나 사랑해 주셨는지, 생명까지 주셨

던 그분의 사랑이 얼마나 숭고했는지, 그분이 얼마나 아름다우신지, 그리고 그분이 어떻게 그 모든 상황에서도 자기를 버리거나 떠나지 않으셨는지를 하나하나 기억해내죠. 소녀는 왕자님의 온 몸을 기억해낼 수 있었어요. 왜냐하면 소녀의 마음 속에는 그분의 온 몸에 대한 기억으로 가득 차 있으니까요.

아가서의 황금마차 12호

### 우리의 무의식엔 회로가 있다!

우리가 주님을 만나고 싶어 찾아 나서지만 주님을 만나기는 커녕, 도리어 핍박을 받는 경우가 종종 있습니다. 아가서의 여주인공도 이런 과정을 겪었지요. 이때 그녀는 과거의 기억을 회상하며 사랑을 쟁취하기 위한 처절한 싸움을 했습니다.

하나님께서는 왜 우리 신앙생활에 이런 과정을 허락하시는 걸까요? 그것은 우리가 주님을 머리로만 사랑하지 않게 하시려는 데 목적이 있습니다. 우리의 무의식에는 회로가 있습니다. 이 회로는 쉽게 말해서, 어떤 자극이 올 때 반사적, 즉각적, 무의식적으로 반응하는 생각의 흐름이라고 볼 수 있습니다. 우리의 상한 마음이 수시로 드러날 때마다, 우리가 은혜와 용서, 복음의 회로를 가동시킨다면 얼마나 좋을까요?

하지만 안타깝게도 선악과 사건으로 3대 본질(버림받음, 열등감, 정죄감)을 갖게 된 우리의 무의식에는 하나님을 향해 달려가는 회로가 없답니다.

그래서 우리의 상한 마음이 드러날 때마다, 우린 그 두려움과 아픔을 피하려고, 자기도 모르게 '자기의(自己義)'라는 회로, '세상'으로 달려가는 회로를 가동시켜 버리죠. 우리의 무의식에 예수님의 용서와 사랑, 그리고 은혜로 돌아가는 회로가 없기 때문에 부지중에 그렇게 되는 것입니다. 그 결과 우리의 신앙이 지식, 율법, 행위, 종교로 전락되어 버리는 악순환에 빠지게 되는 거고요.

한번 생각해 봅시다. 만약 이 상한 마음이나 그로 인한 두려움이나 아픔이 드러났을 때, 예수님이 즉각적으로 나타나신다면 어떤 결과가 생길까요? 우리 마음 속 두려움이 해결되지 못한 채 그냥 덮이고 말겠죠. 그러나 우리가 핍박 가운데에서도 예수님을 찾아 헤매며 끝내 포기하지 않고 기다린다면, [환난-인내-연단-소망]이라는 사랑의 회로가 점차 견고하게 형성되어 갑니다. 우회로(세상에 가서 얻어맞고 돌아오는 회로)가 아닌, 직통회로를 형성하게 되는 거지요. 성경은 이 과정을 다음과 같이 설명합니다.

> 다만 이뿐 아니라 우리가 환난 중에도 즐거워하나니
> 이는 환난은 인내를 인내는 연단을 연단은 소망을 이루는 줄 앎이로다
> – 롬 5:3~4

그래서 하나님께서는 우리의 신앙생활에 시련을 허락하십니다. 이 시련의 때, 인내를 통해 사랑의 회로가 비로소 견고해질 수 있기 때문입니다. 즉 예수님을 기억해내는 회로, 십자가에서 날 사랑하시고 용서하신 것을 기억해내는 회로를 만들어 나가는 거죠. 이것이 강력한 회로가 되어 아예 연단(성격character)으로까지 굳어질 때에, 우리는 비로소 시련과 핍박에 흔들리지 않고, 언제든 하나님께 직통으로 가게 되는 것입니다. 이

것이 바로 내가 노력하지 않아도 자동적으로 되는 상태, 즉 성격화, 체질화 되는 거랍니다 ('동해물과' 다음에 '한라산이' 나오지 않고, '백두산이'가 무의식적으로 나오듯이, 오랜 반복과 훈련을 통해 '사랑의 회로'가 형성되는 거죠).

그래서 우리는 내 마음 속의 상한 마음이 드러날 때마다, 예전처럼 세상으로 도망가지 말고, 전자동으로 주님께 나아가는 훈련을 끊임없이 반복해야 합니다. 우리가 주님께 사랑받는 비결이 뭔지 아세요? 우린 주님께 사랑받기 위해 노력한다고 해서 사랑받을 수 있는 게 아닙니다. '사랑에 참여할 수 없는 나, 사랑받을 수 없는 나, 부끄러운 나, 못난 나, 두려워 떠는 나'를 찾아내, 그걸 들고 예수님의 십자가로 나아가야만 주님께 사랑받을 수 있는 거죠. 물론 상한 마음이 드러날 때마다 버림받을까 봐 두렵고 아찔한 게 사실이지만, '아니야, 예수님은 날 버리시지 않아'라는 믿음으로 나아간다면, 시련과 연단을 통해 오히려 '사랑의 회로'가 형성되고 강화된답니다.

즉 연단이란, 우리의 삶에서 작은 아픔이나 상한 감정들이 드러날 때마다, 그것을 세상으로 가져가 억압하거나 학대하는 게 아니라, 주님의 십자가 앞으로 가지고 나아가는 훈련입니다. 우리는 이렇게 주님과의 사랑을 매일매일 확인해야 합니다. 이렇게 나를 속이고 두렵게 하는 것들과 싸워 승리할 때, 성령님께서는 우리 영혼에 합격 도장을 꾸욱 찍어 주신답니다(성령의 인치심).

그렇게 우리는 그분께 철썩 들러붙는 사랑의 회로를 형성해 나가는 거죠. 그럼 신앙생활이나 우리의 삶이 전혀 피곤하지 않게 됩니다. 여러분, 아시겠지요? 우리의 무의식에 '견고한 사랑의 회로, 복음의 회로, 은혜의 회로'를 형성하기 위해서는 많은 훈련이 필요하다는 것을요? (이러한 우리 무의식 속 '회로'도 현대 뇌과학에서 입증된 엄연한 과학적 사실이랍니다.)

성경에 보면 종종 이스라엘 백성들이 과거 하나님의 사랑의 행적을 요약, 회고하는 장면들이 나오죠(하나님께서도 이스라엘 백성들에게 절기를 주심으로써 '과거 하나님과의 사랑의 행적을 기억하라'고 하셨지요). 마치 그것처럼 소녀도 비록 지금은 핍박과 공격을 받지만, 과거에 왕자님이 사랑해 주셨던 것을 애써 기억해 냅니다. 그러면서 '나는 절대로 그 사랑을 저버릴 수 없어. 기필코 그 사랑을 기다릴 거야'라며 절대 변절하지 않겠다고 다짐합니다(춘향전의 원조가 아가서였다니!^^). '그분만이 내 사랑이야. 다른 건 다 빼앗겨도 좋아. 나한텐 오직 그분만 있으면 돼. 그분은 이번에도 날 공격하는 것들을 다 물리쳐 주시고, 성소에서 내게 사랑을 계속 쏟아 부어 주실 거야'라면서 말입니다.

마귀가 아무리 '너는 죄인이야. 너는 사랑받을 수 없어. 네 꼴을 봐. 너한테 사랑스러운 면이 어디 하나라도 있는지…'라고 속이며 방해한다 하더라도, 이럴 때일수록 사랑의 기억을 통해, 그리고 사랑의 연단을 통해 다시 한번 사랑의 결단을 해야 합니다. 즉 모든 거짓과 속임수는 십자가에서 소멸하고, 십자가의 용서와 사랑과 연합한다면, 예수님과의 사랑을 점점 더 풍성하게 키워 나갈 수 있게 된답니다.

# 20
# 진정한 사랑이란?

우리 인간은 그토록 사랑을 갈구하면서, 또 그토록 사랑한다면서, 결국엔 미움과 버림받음의 고통을 주고받기 마련입니다. 그것은 우리 안에 고질적인 사랑의 아픔―사랑의 중도포기증―이 있기 때문이지요. 하지만 앞에서 언급한 것처럼, 예수님께서는 여러 단계에 걸쳐 우리의 '사랑의 중도포기증'을 고쳐 주셨습니다. 우리 안의 뿌리깊은 버림받음의 상처를 십자가에서 대신 감당하시고 소멸하심으로써 그 상처로부터 우리를 치유해 주신 것이죠.

이처럼 사랑이 치유되면 사랑은 보다 원숙하고 완성된 모습으로 자라갑니다. 완성된 사랑의 모습이란 어떤 것일까요? 우리가 예수님 안에서 사랑하고, 사랑을 치유받고 성숙시키면 어떤 사랑이 될까요? 이 사랑은 동화나 드라마 또는 소설에 나오는 환상적 사랑이 아닙니다. 다른 사람의 사랑을 보면서 대리만족으로 끝나는 사랑이 아니라는 거죠. 그동안 비현실적인 사랑이라고, 불가능한 사랑이라고, 나와는 상관없는 사랑이라고 여겼던 사랑이 실제로 복음 안에서, 나의 현실에서 이루어진다는 것입니다. 예수님은 환상이나 착각이 아닌, 실제 능력이십니다. 사랑의 완성을 통해 우리는 의와 거룩의 축복을 받을 수 있습니다. 이것이 바로 가나안 정복이죠. 하나님께서 이스라엘 백성들을 가나안 땅으로 인도하신 이유는 그들과 맘껏 사랑을 나누기 위해서였습니다. 애굽에는 사랑이 없었으니까요. 거기엔 학대와 눌림 밖에 없었죠. 가나안 땅에 흐르던 '젖과 꿀'은 흘러 넘치는 사랑을 의미합니다. 사랑을 이루는 게 곧 가나안 정복입니다. 그 밖의 세상적 축복은 사랑에 부수적으로 따라오는 보너스일 뿐이지요.

1) "나는 내 님의 것, 내 님은 나의 것!" (마음이 하나되는 사랑)

### 예루살렘 여인들
¹아름다운 그대여,

당신이 사랑하는 그 사람이 어디로 사라졌죠?

그분께 무슨 일이 생긴 거죠?

우리가 그분을 찾아드릴까요? - 아 6:1

소녀가 이렇게 흔들리지 않는 견고한 사랑으로 왕자님을 찾아 나서자, 이번엔 예루살렘 여인들마저 감동해서 왕자님을 같이 찾아주네요. 우리가 이처럼 환난과 핍박 가운데에서도 포기하지 않고 예수님을 찾아 나서면, 성령님께서도 우리가 예수님을 찾을 수 있도록 도와주신답니다.

### 지구별 시골소녀

2-3 괜찮아요. 내 님은 벌써 자기 정원으로 가고 있답니다.

형형색색 아름다운 꽃 사이를 거닐며, 백합화를 따고 있답니다.

오, 나는 내 님의 것, 내 님은 나의 것!

내 님은 달콤한 향 뿜어내는 꽃 사이에서 양떼를 먹이고 있네요.

- 아 6:2~3

드디어 왕자님을 찾았어요! 그렇다면 왕자님은 도대체 어디로 사라졌던 걸까요? 왕자님이 어느새 자기 정원으로 가서 백합화를 따고 있다고 하네요. 그분의 정원이란, 내 안에 있는, 내 영혼의 성소를 말합니다. 예수님이 비록 내 눈 앞에서는 사라진 것처럼 보였지만, 내 마음 속에 성령으로 와 계셨던 것입니다! 예수님은 형형색색 아름답고 향기로운 정원에서 나에게 백합화를 따 주시면서 '넌 백합화처럼 순결하고 아름답구나!'라고 고백하십니다. 백합화의 순결한 사랑, 즉 나만을 바라보는 사랑을 해 주시는 거죠. 또한 주님이 양떼를 먹이신다는 것은 내 영혼을 먹여 주신다는 것을 의미합니다. 내 눈 앞에 안 보이니, 그분이 떠나버린 걸로 오해했지만, 예수님은 내 속에 성령으로 오셔서, 계속 날 도와주고 사랑해 주셨던 거죠.

이제는 흔들리지 않는 사랑으로 성숙된 것입니다. 전에는 조금만 버림받아도 벌벌 떨었는데, 이제는 견고한 '사랑의 회로'가 형성된 것이죠. 여기에는 마귀가 틈탈 수가 없답니다. 오히려 상한 마음이 드러날 때, 바로 그 때 우리는 도리어 주님을 만날 수 있는 거예요. 그리고 주님의 십자가를 통해 요새처럼 견고한, 방해받지 않는 사랑이 형성되는 거죠. 이럴 때 예수님께서는 '네가 핍박 가운데에서 날 기억하고 끝까지 사랑했구나. 사랑의 싸움에서 승리했구나'라면서 우리를 인정해 주십니다. 과거의 어둡고 황량하던 골짜기에 이제는 사랑의 열매가 맺히고 꽃이 핀 거죠. 더 깊고 견고한 사랑이 된 것입니다.

그리고 소녀는 마침내 '나는 내 님의 것, 내 님은 나의 것!'이라고 고백합니다. 이것은 '마음이 하나가 되는 사랑'을 의미합니다. 그것은 상대방의 마음 속에 들어가 그의 마음을 바라보고, 있는 모습 그대로 품어주고, 이해해 주고, 섬겨 주고, 아프고 연약한 것(열등감, 버림받음 등)을 극복할 수 있도록 도와주는 사랑이죠. 사랑의 가장 높은 경지는 무엇일까요? 그것은 서로의 마음을 알아줌으로써, 마음이 하나가 되는 것입니다. 내 마음을 이해해주고, 함께 해주는 게 바로 진정한 사랑이란 말이죠. 우리 인간들에게는 그러한 사랑이 없기 때문에 사랑을 한다면서 여전히 허전한 것입니다.

하지만 예수님은 양떼를 먹이시듯 나를 먹이시면서 '너는 나의 백합화야!'라고 계속 고백하십니다. 내 마음에 들어오셔서, 내 마음을 바라보시며, 내 마음을 이해해 주시고, 내 마음이 아프지 않도록 치유해 주심으로써 주님과 '마음이 하나가 되는 사랑'을 나누게 해 주시죠.

나와 아버지는 하나이니라 - 요 10:30

예수님께서도 '나와 아버지는 하나'라고 말씀하심으로써 하나님과 예수님 자신이 '마음이 하나되는 사랑의 관계'임을 표명하셨습니다.

예수께서 가라사대 빌립아 내가 이렇게 오래 너희와 함께 있으되
네가 나를 알지 못하느냐

> 나를 본 자는 하나님을 보았거늘
> 어찌하여 아버지를 보이라 하느냐
> - 요 14:9

그런가 하면 '하나님을 보여달라'고 요청하는 빌립에게 '나를 보는 것이 바로 하나님을 보는 거야'라고 말씀하셨죠. 이 말씀은 '나는 하나님 속에 들어가 있기 때문에 하나님의 마음을 속속들이 다 안단다. 내 눈엔 하나님 밖에 안 보여. 난 하나님 밖에 모른다구. 그러기에 내게서 하나님 모습밖에 안 보이는 거야. 만약 너희가 나를 모른다면 하나님 역시 모르는 거야. 이처럼 내가 하나님의 마음을 잘 알기 때문에, 하나님의 뜻을 이루는 삶을 살 수 있는 거야. 인간을 너무나 사랑해서 구원하기 위해 그들 대신 희생하고 죽는 길을 택한 거라구!'라고 말씀하시는 거죠.

> 나는 포도나무요 너희는 가지니 저가 내 안에,
> 내가 저 안에 있으면
> 이 사람은 과실을 많이 맺나니
> 나를 떠나서는 너희가 아무것도 할 수 없음이라 - 요 15:5

그런가 하면 우리를 향해 '저가 내 안에, 내가 저 안에 있다'

라는 말씀으로, 예수님과 우리의 관계 역시 '마음이 하나되는 사랑의 관계'임을 천명하셨지요.


2) "머리끝부터 발끝까지 다 아름다운 그대!"
   (나의 모든 것을 최고로 봐주는 사랑)

### 하늘나라 왕자님

<sup>4-7</sup>나의 사랑스런 친구, 나의 귀여운 여인,

그대는 기쁨의 도시, 디르사처럼 아름답고

꿈꾸는 도시 예루살렘처럼 귀여워요.

황홀한 꿈 속에서 만난 듯한 매혹적인 모습

그대의 아름다움은 내게 너무 과분하군요.

마치 구름 위를 걷는 듯 황홀하네요.

내가 어찌할 바를 모를 만큼

너무나 아름다운 나의 그대여!

저 멀리 염소떼가 햇빛 찬란한 산비탈을 타고 내려오듯

반짝이며 흘러내리는 찰랑이는 머리카락

그대의 함박웃음은 한없이 자애롭군요.

강인하고 고결하면서도 의미심장한 그대의 미소

너울에 가려진 그대 두 뺨은 빛나도록 부드럽네요. - 아 6:4~7

사랑에 빠지면 뭐든 예뻐 보이죠. 설사 그게 단점이라 할지라도 말예요. 온 몸 구석구석이 다 최고로 보이는 거예요. 그래서 사랑하는 남녀는 다 왕자와 공주가 되는 거지요. '거울아, 거울아, 이 세상에서 누가 가장 예쁘니?'라고 물으면, 거울이 망설임 없이 대답할 걸요? '왕자님의 사랑을 받는 공주님이 최고로 아름답지요!'라고 말예요.

그런데 이게 단지 환상에 불과할까요? 천만에요. 우리 현실에서 얼마든지 가능한 이야기입니다. 세상의 왕자병, 공주병은 왕따를 당하기 십상입니다. 왜냐하면 그것은 사실이 아닌 자기 착각이니까요. 하지만 이 성소에서의 사랑은 착각이 아닌 실제입니다. 가상이 아닌 현실이란 말이죠. 정말로 우리가 왕자와 공주가 되는 거예요. 예수님의 사랑이 우릴 그렇게 만들어 주죠. 그리스도인이라면 누구나, '원래 죄인이었던 내가, 십자가의 은혜를 통해 의인이 되었다, 가장 저주받은 죄인이 하나님의 자녀가 되었다'는 사실을 당연히 믿죠.

그런데 '십자가의 은혜로, 버림받았던 내가 사랑받는 존재가 되었다'는 사실은 왜 믿지 못하나요? '원래 비천하고 추했던 자신이 고결하고 아름다워졌다'는 사실은 왜 믿지 못하냔 말이죠. 죄인이 의인이 되는 것은 내적인 것이니까, 눈에 보이지 않으니까, '내 안에서 그렇게 되었나 보다'라고 어렴풋이 생각하면서 비교적 쉽게 믿지만, 비천한 노예가 아름다운 왕자나 공주가 되었다는 사실은, 매일 자신의 모습을 거울로 비춰보는 우리들로서는 쉽게 믿어지지 않는 게 사실이죠. 예수님은 우리 몸 구석구석을 바라보시며 최고로 아름답다고 해 주시는데, 거울에 비쳐진 내 모습은 예뻐지기는커녕 오히려 점점 더 늙어가고 추해지니… 도무지 믿어지지가 않는 거죠. 하지만 예수님께서는 나의 신체 하나하나를 가리키시면서 최고라고 얘기해 주십니다. 예수님이 내 몸 구석구석을 하나하나 살펴보시면서 깜짝 놀라 감탄하신다는 거죠!

우리 대부분은 몸에 대한 열등감이 많습니다. 우리가 자신의 몸을 부끄러워하는 이유는, 자기 영혼을 자신의 몸에 투사해서 바라보기 때문입니다. 눌리고 왜곡되어 있는 자기 영혼의 열등감과 수치심을 자신의 몸에 투사해서 느끼는 거죠.

우리는 자신의 신체 부위들마다 등수를 매겨서, 그나마 상위권에 든 부위들은 예쁘게 화장도 하고, 꾸미고, 자랑하지만, 등수가 뒤처지는 못난 부위들은 부끄러워하고 감춥니다. 특히 성(性)과 관련된 부위들은 더 수치스럽게 여기죠.

그런데 우리 영혼의 비천함과 추함이 십자가에서 깨끗이 소멸되었습니다. 그리고 그 자리에 예수 그리스도의 흠없고 완전한 새 생명이 탄생했습니다. 예수님께서 그렇게 자신의 완전한 아름다움을 우리에게 나눠주셨기에, 우리를 바라보시면서 아름답다고 감탄하실 수밖에 없는 거예요. 우리의 추하고 못난 모습은 십자가에서 다 소멸되었고, 우리에게는 이제 예수님의 생명만 있기 때문에 당연히 최고로 아름다운 거죠. 우리는 과거의 기억으로 우리 자신을 보고 평가하기 때문에 자신이 못났고 추하다고 생각하지만, 예수님은 우리 안의 새 생명을 보시기 때문에, 그리고 우릴 사랑의 눈으로 바라보시기 때문에 우리 몸을 최고로 아름답게 보시지요. 예수님 눈에 콩깍지가 씌었기 때문에, 예수님께서 내 영혼을 너무나 사랑하시기 때문에, 내 영혼을 내 몸에 투사해서, 내 몸조차 예쁘다고 하시는 거예요.

구원은 이처럼 '전인적'인 것입니다. 왜 그럴까요? 그것은 사랑의 속성 자체가 '전인적'이기 때문입니다. 어느 하나라도(예를 들어 육체적인 면) 배제된 사랑은 진실된 사랑이 아니죠. 우리의 몸에 우리의 생명이 있습니다. 그래서 생명의 소리를 내는 우리의 마음 역시 우리의 몸에서 나오는 것이구요. 예수님 역시 우리의 몸 안에 들어오셔서, 우리와 전인적으로 하나가 되길 원하시죠. 아가서에 먹고 마시는 이야기가 많이 나오는 것도, '왕자님이 양떼를 먹이신다'는 표현이 반복해서 나오는 것도 다, 주님께서 마음만이 아닌, 몸이 함께 참여하는 사랑을 우리와 나누기 원하시기 때문입니다. 성만찬 역시 '주님의 몸을 먹고 마신다'는 의미를 가지고 있죠. 이건 단순한 상징이 아닙니다. 성만찬은 실제로 '우리 몸에서' 주님과의 연합이 이루어지는 것을 말하죠. 이것이 바로 '십자가의 연합'이랍니다. 못나고 열등한 것은 나오지 못하도록 눌러 놓은 채, 예쁘고 보기 좋은 것만 십자가 앞에 가지고 나간다면, 주님과 온전한 전인적인 연합을 할 수 없지요. 등급을 매기고, 우열을 가리며, 선악을 따지는 것, 그것은 무생물의 특징입니다. 생명체는 결코 그렇지 않죠. 생명은 하나입니다. 상위권만 구원받는 게 아니라, 못나고 열등한 하위권까지, 하나도 남김없이, 하나의 생명체로서 온전히 구원받아야 합니다. 그 어떤 부분도 소외됨 없이, 전인적으로, 하나의 생명체로 예수님의 사랑과 용서를 받아야 합니다. 왜냐하면 우수한 것, 보기 좋은 것만 사랑하는 것은 진실된 사랑이 아니기 때문입니다. 못나고 수치스러운 것까지 온전히 껴안는 것, 그게 진정한 사랑이기 때문입니다. 이것이 바로 예수님의 사랑이기 때문입니다. 그리고 이것이 바로 성소에서의 사랑이자, 십자가와의 연합이지요.

그래서 우리 영혼이 치유받아, 원래의 하나님의 형상을 회복하면, 자신의 몸 역시 최고로 아름다워 보인답니다. 자신뿐만 아니라 다른 사람까지 아름답게 보이죠. 그래서 자신뿐만 아니라 다른 사람을 향해서도 '내면과 외면이 완벽하게 아름다운 그대'라는 고백이 절로 흘러나오게 되는 거죠. '오, 완벽한 여성미의 결정체! 그대가 나타나면 모든 이가 돌아보고 그대 모습에 그 누구도 눈을 떼지 못하지요'라고 얘기할 수밖에 없게 되는 거예요.

아직도 자신이나 타인이 아름답게 보이지 않나요? 그것은 우리 마음에 사랑이 없기 때문이에요. 우리 역시 예수님의 사랑을 가지면 모든 사람이 다 아름답게 보이게 되어 있으니까요. 빨간색 안경을 쓰면 온세상이 다 빨갛게 보이듯이, 예수님은 사랑의 안경을 쓰고 우릴 바라보시기에 우릴 온통 아름답게만 보시는 거예요. 우리 역시 이 사랑의 안경을 쓰고 자신과 타인을 봐야 해요. 우리 속에 새 생명이 성장하고 성숙하면서 사랑이 충만해지면, 모든 게 아름답게 보이게 됩니다.

겉으로 보이는 육신의 모습으로 자신의 영혼

을 억누르지 마세요. 주님이 나를 사랑스럽다고, 존귀하다고, 순결하다고 하시는 걸요? 주님은 나의 이, 눈, 코, 발, 배꼽, 넓적다리, 머리카락 등, 내 온 몸 구석구석이 다 아름답고 하시죠. 그 사랑을 계속 받아들이세요. 예수님의 음성을 귀 기울여 보세요. 예수님은 내 속에 오셔서 계속해서 나(양떼)를 먹이십니다. 그럼 내 아름다운 영혼이 육신으로 흘러 넘쳐, 실제로 육신까지도 아름답게 변화되지요. 내 영혼이 의로워질 때, 내 육신도 점점 의의 병기가 되듯이 말입니다. 전에는 죄지을 생각만 하던 내 육신이 말이죠.

성령님은 매일 내 속에서 아가서를 읽어 주세요. 매일 사랑고백을 해 주시죠. 그걸 아멘으로 받아들이세요. 내 안에서 마귀가 소근대는 거짓말을 매일 십자가에 가지고 나가 소멸하세요. 그러면 점점 당당해지면서 자존감이 회복됩니다. 그럼 더 이상 세상적인 것, 외적인 것에 집착할 필요가 없게 되죠. 물론 외적인 것을 다 버리라는 뜻은 아닙니다. 우리는 하나님이 주신 지혜와 능력으로 자신의 몸을 가꿀 책임이 있습니다.

그러나 중요한 것은 우리의 신분이 과거와 달라졌다는 사실을 인식하는 것입니다. 애굽에서 화장하고 치장하는 것과, 가나안에서 화장하고 치장하는 것은 전혀 다릅니다. 애굽에서는 노예 신분이었던 나의 수치를 감추고 가리기 위해서 화장하고 치장했지만, 가나안에서는 자유인의 신분으로, 왕자와 공주의 신분으로 화장하고 치장하는 거죠. 그리고 그 결과 우리의 영혼과 몸, 둘 다 아름다워지는 것이랍니다.

## 3) "내겐 너뿐이야!" (하나뿐인 사랑)

### 하늘나라 왕자님

8-9 이 세상 어디에도 그대 같은 이 없으리

단 한번도 본 적이 없지. 앞으로도 없을 거야.

나의 그대는 누구와도 비교불가

나의 비둘기는 완벽 그 자체군요.

그대가 태어나 어머니 품에 처음 안기던 날처럼

그대는 순수하고 고결하네요.

그대를 보러 온 모든 이들이

하나같이 감탄하며 칭찬했지요.

온 동네 아버지들과 어머니들, 이웃들과 친구들이

그대를 축복하고 칭송했지요. - 아 6:8~9

이 세상에 최고와 최상은 하나 밖에 없습니다. 사랑에 있어서도 마찬가지죠. 한눈 팔지 않고, 오직 한 사람만 바라보며 그에게만 올인하는 것, 온 마음과 정성을 다 바치는 것이 바로 최고의 사랑입니다. 하지만 그렇게 평생 한 사람만 사랑하지 못하는 게 우리의 솔직한 고백이지요. 꼭 행동으로 옮기지는 않는다 하더라도, 우리의 마음은 끊임없이 들락날락거리면서 다른 사람을 넘보기도 하고, 다른 사랑을 추구하기도 합니다(드라마 주인공들이나 길 가는 사람들을 보면서^^). 그 이유는 자기 배우자에게 100% 만족하지 못하기 때문입니다. 대부분의 사람들은 자기의 완벽한 이상형과 결혼하지 못하니까요(설사 완벽한 이상형과 결혼했다 하더라도 결혼생활이라는 현실에 부딪치면서, 그에 대한 환상이 깨질 수밖에 없고, 100% 만족할 수 없게 되지요).

하나님을 향한 우리의 사랑도 마찬가지예요. 하나님께서는 '나 외에 다른 신을 섬기지 말라'고, '마음과 뜻과 힘을 다해 주 너의 하나님을 사랑하라'고 하시면서, 우리에게 순결한 사랑, 하나 밖에 없는 사랑을 원하시지만, 우리는 하나님 이외의 많은 것들을 사랑하는 게 사실입니다. 돈, 자녀, 쾌락, 명예, 율법, 사람, 권력 등등 여기저기 기웃거리죠.

그러나 성소에서의 사랑이 점점 더 자라나면, 그것이 결국 유일한 사랑, 하나뿐인 사랑이 됩니다. 유일한 사랑은 상대가 최고일 때에만 가능하죠. 다른 최고가 있다면 그에게 마음이 가기 마련이니까요. 그런데 위에서 왕자님은 뭐라고 고백하나요? '수많은 왕비와 후궁이 있지만, 나의 그대는 누구와도 비교 불가, 나의 비둘기는 완벽 그 자체군요'라고 말합니다. 이것이 바로 최고의 사랑, 하나뿐인 사랑이죠. '온 우주의 창조주이신 하나님께 내가 이러한 사랑을 받고 있다'는 확신을 갖고 산다면, 세상을 다 얻은 듯한 뿌듯함과 자부심에 다른 데 기웃거릴 마음이 다 사라지겠지요?

아가서의 황금마차 13호

### 하나님의 사랑은 파이 나눠 먹기가 아니다!

영화 'her'를 보셨나요? 아내와 별거 중인 외로운 남자 시오도르는 항상 자신의 얘기에 귀 기울여주고, 자기 마음을 온전히 이해해주는 인공지능 운영체제(OS), 사만다를 사랑하게 됩니다. 그러면서 시오도르는 사만다에게 점점 깊이 빠져들어, 사만다 없는 인생을 상상할 수 없을 정도로, 사만다에 대해 강한 소유욕과 집착을 느끼게 되죠. 그러던 어느 날, 둘이 말다툼을 하던 끝에, 시오도르가 문득 이상한 느낌이 들어 사만다에게 질문합니다. 시오도르의 추궁에 사만다는 결국 '당신과 이야기하고 있는 이 순간에도 나는 8,316명과 동시에 대화를 나누고, 641명과 사랑에 빠졌다'고 자백하고 말죠. 이 말을 들은 시오도르는 완전 멘붕이었죠. '나만 사랑하는 줄 알았던 사만다가 641명과 사랑에 빠졌다니…! 그동안 나는 사만다의 마음(인공지능이 마음이 있는지는 모르겠지만^^)을 1/641밖에 차지하지 못했었다니…!' 그러면서 극도의 분노와 상실감을 느끼죠. 하지만 사만다는 시오도르에게 다음과 같이 대답하면서 영화가 막을 내립니다.

"I'm yours, and I'm not yours."
인간의 사랑은 상대적입니다. 마치 파이 나눠 먹기와 같죠. 동시에 여러 사람을 사랑한다면, 그 사랑은 1/n로 나뉘어질 수밖에 없습니다. 이것은 인간의 사랑이 극히 제한적이고 유한하기 때문입니다.

하지만 하나님의 사랑은 절대적입니다. 그 사랑은 무한대(∞)의 사랑이죠. 그래서 하나님의 사랑은 아무리 큰 수로 나누어도, 설사 그동안 존재했던 모든 인류, 수백억 명으로 나눈다 하더라도 여전히 무한대(∞)인 것입니다. 즉 하나님은 온 세상 사람들을 다 사랑하시지만, 그 하나하나를 무한대(∞)의 사랑으로 사랑하시기 때문에, 나 한 사람을 향해 쏟아 주시는 사랑 역시 하나님 사랑의 전부인 것입니다. 그러기에 하나님은 모든 사람을 최고의 사랑으로, 하나뿐인 사랑으로 사랑하실 수 있는 거랍니다!

## 4) "우리 함께 춤을 춰요!" (모두가 축복해 주는 사랑)

### 하늘나라 왕자님

[10]이런 여인을 본 적이 있나요?

새벽처럼 상큼하고, 달처럼 아름답고, 태양처럼 찬란한 여인을?

은하수가 흐르는 밤하늘처럼 매혹적인 여인을?

> [11-12]언젠가 봄 기운을 찾아 과수원길을 거닐었지
> 금방이라도 터질 것만 같은 꽃봉오리를 보려고
> 만개를 준비하는, 성숙을 염원하는 꽃봉오리를 찾아
> 과수원길을 거닐었다네
> 하지만 꽃봉오리를 만나기도 전에
> 내 가슴은 설레임으로 이미 터질 것만 같았지
> [13]나의 천사, 나의 공주님, 내 사랑하는 술람미 여인이여,
> 나와 함께 춤을 춰요. 즐겁게 춤을 춰요.
> 그대의 우아함에 우리 눈이 부시군요.
> 모두가 술람미 여인의 춤을 보고 싶어 한답니다.
> 사랑과 평화의 춤을, 그대 승리의 춤을! – 아 6:10~13

 이제 백성들까지 기쁨에 겨워 사랑의 잔치를 벌입니다. 사랑의 범위가 더 넓어지고, 풍성해지고, 깊어진 거죠. 그리고 소녀는 왕자님을 향한 뜨거운 사랑에 취해 왕자님 앞에서 춤을 춥니다.

 '예수님은 날 정말 사랑하셔. 그분은 내 속의 좋은 것이 아닌, 추한 것을 찾으셔. 그걸 위해 자신의 목숨까지 버리셨어'라고 믿음으로 고백하면서 무슨 일이 생겨도 인내하며 기다릴 수 있는 견고한 '사랑의 회로'가 형성된 것입니다. '내가 아무리 극악무도한 죄인이고 큰 잘못을 했다 하더라도 절대 날 버리지

않으셔. 그래서 내가 의로운 거야'라는 확신 아래, 예수님과 함께 춤을 추게 되는 거죠. 주님의 사랑이 내 몸에 들어와, 내 몸이 주님을 알고 반응하는 거예요. 내 몸이 주님을 만나 기쁨에 겨워  춤을 추는 거죠. 내 몸이 좋아하는 음식을 자동으로 찾듯, 내 몸이 사랑하는 주님을 자동으로 찾고, 그분의 말씀을 사모하며, 그분의 뜻을 이루고 싶어하죠. 굳이 애쓰지 않아도, 의지적으로 노력하지 않아도, 내 몸이 자연스럽게 사랑하고, 섬기고, 나눕니다. 머리는 이에 순종하는 것뿐이지요.

그 결과 온 백성이 함께 기뻐하는 견고한 사랑이 되는 거고요. 하나님께서는 이렇게 모든 천군천사를 동원해서 우리의 믿음을 확인하고 축복해 주신답니다.

### 5) "첫 키스만 50번째!" (항상 새롭게 보이는 사랑)

#### 하늘나라 왕자님

$^{1-9}$샌들을 신은 그대 발놀림이 어찌나 매끈하고 고상한지,

여왕의 자태로군요.
그대의 허벅다리는 또 어찌 그리 유연하고 우아한지,
거장의 예술 작품 같군요.
그대 배꼽은 포도주를 가득 따른 거룩한 성배(聖杯),
윤기 나게 그을린 그대 허리는
바람결에 나부끼는 보리밭
그대 젖가슴은 한 쌍의 새끼 사슴,
쌍둥이 가젤 같군요.
그대 목은 가냘픈 곡선으로 조각된 상아
그대 두 눈은 신비로 가득 찬 깊은 빛의 우물
오똑한 그대의 코는 다메섹을 바라보는 레바논 망대
그대 머리는 왕관 같은 갈멜산
그대 머리칼은 늘어뜨린 왕궁의 커튼
오, 완벽한 여성미의 결정체!
아름다운 그대 모습에 눈을 떼지 못하겠군요.
높은 산맥을 바라볼 때의 그 느낌
깊은 욕망의 갈망, 정복하고픈 욕구
그대 생각만 하면
다른 사람은 거들떠보지도 않게 된다오.
내면과 외면이 완벽하게 아름다운 그대,
사랑스런 나의 연인, 나의 친한 벗

야자수처럼 시원스레 늘씬한 키

풍만한 젖가슴은 달콤한 대추 송이

아, 그 야자수에 올라가고파

그 열매를 만지고 싶어

그래요, 그대 젖가슴은

나에게 달콤한 한 송이 열매

상큼한 박하향처럼 깨끗하고 시원한 그대의 숨결

최상급 포도주처럼 달콤한 그대의 입술과 혀 – 아 7:1~9

여러분은 사랑하는 연인을 바라볼 때, 가장 먼저 어디에 눈길이 가나요? 하늘나라 왕자님은 소녀를 바라볼 때, 발부터 보는군요. 전에는(4장) 얼굴이 먼저 보였는데, 이제는(7장) 사랑이 완숙해지면서, 즉 사랑의 회로가 굳건히 형성되면서 아래부터 보게 되는 거죠. 그래서 연인의 몸에 대한 찬사가 '발-허벅다리-배꼽-허리-젖가슴-목-눈-코-머리-머리칼-키-숨결-입술과 혀'의 순서로 아래에서 위로 올라가는 걸 볼 수 있습니다.

또한 전에는 눈에 띄지 않아

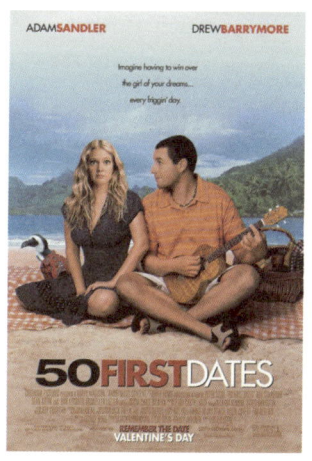

언급조차 안 했던 부위들이 이젠 새롭게 눈에 들어옵니다. 머리, 코, 숨결, 허리, 배꼽, 넓적다리, 발 등을 전에는(4장) 언급하지 않았었지만, 이제는 새롭게 칭찬합니다(7장). 사실 발, 넓적다리, 배꼽, 머리칼 등은 그다지 예쁜 부위가 아니죠. 그런데 왕자님은 소녀 몸의 이런 부위들까지 일일이 열거해가며 예쁘다고 감탄을 연발합니다. 몸의 부위별로 등수를 매기지 않고, 모든 몸이 다 사랑스럽다고 하는 것이죠.

그런가 하면, 같은 신체부위라도 이전과 다르게 표현하고 있는 것을 알 수 있습니다. 예를 들면 눈은 '비둘기에서 신비의 연못'으로, 머리칼은 '염소떼에서 왕궁의 커튼'으로, 입술은 '꿀에서 포도주'로, 목은 '다윗의 석탑에서 상아 조각품'으로, 젖가슴은 '한 쌍의 새끼 사슴에서 대추 송이'로 전혀 새로운 표현들을 하고 있군요. 이것은 사랑하는 연인이 매일매일 새롭게 보인다는 사실을 의미합니다.

생명체는 늘 새롭게 변화하죠. 이게 바로 역동적인 사랑입니다. 늘 변화하는 생명, 늘 새로워지는 몸의 각 부위들이 하나같이 아름답게 여겨진다는 거예요.

　마찬가지로 우리 안에 예수님과의 사랑이 자라나면, 우리 역시 모든 게 매일 새롭게 보이지요. 모든 게 사랑스럽게 보이구요. 상대방에게서 끊임없이 사랑스러운 모습을 새롭게 찾아내고 발견하게 되죠. 전에는 내 안에 버림받음의 상처와 분노가 있어서 늘 못마땅한 것만 보였었는데, 기를 쓰고 싫은 것만 찾아냈었는데, 그래서 삶이 지겹고 싫증났었는데, 그렇게 결혼생활에 권태기가 왔었는데, 그러면서 상대방을 변화시켜야 한다고 생각했었는데….

　이제는 나 자신이 주님의 사랑을 받아 변화되니, 상대방의 모든 게 다 예뻐 보이기 시작하는 것입니다. 발가락, 머리카락, 배꼽…, 이런 작은 데에서도 사랑을 찾지요. 평수 넓은 아파트, 명품 핸드백…, 이렇게 크고 완전한 데에서만 사랑을 찾지 않는 거예요.

　여러분, 이런 사랑을 하고 싶지 않으세요? 하늘나라는 황금과 대리석으로 만들어진 곳이라서 행복한 게 아니랍니다. 그곳은 사랑하는 마음이 회복되어서 행복한 곳이죠!

6) "아낌없이 나누어요!" (열매 맺는 사랑)

## 지구별 시골소녀

9-12 어머, 그대도 마찬가진 걸요.

내 님의 입술이 입맞춤으로 내 입술에 흘러오네요.

나는 내 님의 것

내 님이 원하는 전부

나는 그대의 온 세상! 이리 오세요 내 사랑

함께 시골길을 걸어요.

길가의 민박집에서 자고 아침 일찍 일어나

새들의 노래소리에 우리 함께 귀 기울여요.

활짝 핀 들꽃을 우리 함께 찾아봐요.

하얗게 꽃피운 블랙베리 나무를

흩날리는 꽃잎으로 장식한 과일나무들을

그곳에서 나 그대에게 모두 드리리

내 사랑을 그대에게 모두 드리리

13 사랑나무 열매 향기에 흠뻑 취해

다산(多産)의 축복이 우리에게 내리누나

내 사랑이여, 오직 그대만을 위해 아껴 두며 간직했던

신선한 열매들, 저장된 열매들의 축복이 우리에게 내리누나

— 아 7:9~13

소녀와 왕자님은 마침내 함께 잠자리를 갖습니다. 사랑나무의 열매(개역성경에서는 이것을 '합환채'라고 번역했는데, 이것은 성욕을 증진시키는 최음제라고 합니다)를 먹고 생명의 열매를 거둔다고 하네요. 또한 다산(多産)의 축복이 내려온다고, 열매들의 축복이 내려온다고도 하는군요.

열매는 모양도 예쁘고, 맛도 좋고, 영양가도 있죠. 그런데 이 세상 어디에도 자기가 맺은 열매를 스스로 따먹는 나무는 없습니다. 다른 사람들을 먹이고, 살리고, 즐겁게 하고, 유익하게 하는 게 바로 열매의 본래 목적이기 때문입니다.

하지만 인간의 사랑은 어떤가요? 인간의 사랑도 그 열매로 다른 사람들에게 유익을 주나요? 그러지 못하죠. 왜냐하면 우리 인간들의 사랑은 자신의 굶주림과 욕심과 두려움을 채우려는 이기적인 사랑이기 때문입니다. 인간의 사랑은 서로에게 빠져서, 서로만을 바라보며, 다른 사람에겐 일말의 관심도 갖지 않은 채, 타인을 소외시키는 사랑이죠. 인간의 사랑은 이렇게 이기적이고 배타적입니다. 최고의 사랑, 유일한 사랑일수록 더욱 그렇죠. 자기도 다른 사람을 쳐다보지 않을 뿐더러, 상대방 역시 다른 사람을 못 보게 하죠. 그 결과 주위 사람들은 점점 더 힘들어지고 불편해집니다. 이게 과연 진정한 사랑일까요?

우리는 결혼생활을 통해 자녀도 낳고, 기업도 일구어 갑니다. 그리고 이런 열매를 자기 것이라고 생각하죠. 자기 자녀를 진정한 열매로 생각한다면, 나의 자녀를 필요로 하고 사랑하는 사람에게 기꺼이 내줄 수 있어야 합니다. 즉 축복하며 떠나보내는 거죠. 며느리나 사위를 내 편으로 끌어들이는 것이 아니라, 내 아들과 딸을 사랑하는 사람에게 보내주는 것이 성경적인 사고입니다. 남의 집에서 금이야, 옥이야 키운 아들이나 딸을 빼앗아 온다면 그것은 진정한 열매가 아니죠.

우리가 신앙생활을 하면서 맺는 사역의 열매도 자기 스스로 따 먹는다면, 그 역시 진정한 열매가 아닙니다. 진정한 열매는 다른 사람들에게 값없이 주는 것이니까요. 놀라운 것은, 그렇게 아낌없이 열매를 나눠줄 때, 또 다른 열매가 더 풍성하게 자라난다는 사실입니다. 다른 사람들이 자신의 열매를 먹으며 즐거워하는 것을 보고 함께 기뻐할 때, 진정한 열매로서의 가치가 있는 거죠. 어머니가 아이에게 젖을 먹일 때, 아까워하지 않고, 기쁜 마음으로 거저 주듯, 상대방이 나의 열매를 먹고 자라나며 유익을 얻는 것을 보고 기뻐할 때, 진정한 열매로서의 가치가 있는 것입니다. 열매를 미끼로 상대방을 낚아, 내 이익이나 챙기는 데 급급하다면, 그건 진정한 열매가 아니라는 거죠.

성소 안에서의 사랑은 최고의 사랑, 유일한 사랑이지만, 아이러니컬하게도 주위 사람을 소외시키지 않는답니다. 유일한 사랑임에도 불구하고 다른 사람 역시 사랑하게 되죠. 예수님께서도 '눈에 보이는 이웃을 사랑하지 않으면서 눈에 보이지 않는 하나님을 사랑하는 것은 거짓말'이라고 하셨잖아요. 하나님 역시 '나만을 유일하게 사랑해야 해'라고 하시면서, 동시에 '나만 쳐다보지 말고 나를 사랑하는 만큼 이웃도 사랑해야 해'라고 하시죠.

이건 인간의 사랑으로는 불가능해요. 하지만 그리스도 안에서는 가능합니다. 부부가 예수님의 사랑으로 하나가 될 때, 그 부부는 가족 이기주의로 가는 게 아니라, 주변 사람들을 돌보고 챙기게 되지요. 이것이 성소 안에서의 사랑이 갖고 있는 '보편성 안에서의 유일성'이란 특성입니다. 이게 어떻게 가능하냐고요? 진정한 열매이기 때문에 가능한 것입니다. 하나님의 사랑은 절대적인 사랑으로서 각각의 모든 사람들에게 최고의 사랑입니다. 하나님께서는 하나님을 사랑하듯 모든 사람을 사랑하라고 하십니다. 예수님의 사랑이 내 속에 들어오면, 우리 역시 모두에게 사랑을 베풀 수 있습니다. 심지어 원수한테까지도요. 왜냐하면 사랑은 자연스럽게 저절로 무르익는 것이니까요. 사랑엔 물론 어느 정도 노력도 필요하지만, 노력으로만 사랑한다면 그건 너무 피곤한 일이죠. 사랑은 저절로 되는 거예요. 의지적으로

되는 게 아니라, 물 흐르듯이 자연스럽게 되는 거죠. 꽃을 피우고, 향기를 내고, 열매를 맺는 게 저절로 되듯이, '너를 위해 쌓아둔 것(7:13)'이 넘쳐서 흘러나오는 거죠. 그것이 바로 새 생명입니다. 이게 바로 행복의 길이죠. 우리는 사랑을 해야 행복해집니다. 이렇게 가장 소중한 사랑을 빼놓고 무엇을 위해 산단 말인가요?

## 7) "그대는 마치 내 혈육 같아!" (친밀한 사랑)

**지구별 시골소녀**

1-2 그대가 나의 쌍둥이 오빠였다면,

내 어머니 젖을 같이 먹은 내 오라비였다면!

거리에서 뛰놀다가

사람들 앞에서 입맞춘다 해도

아무도 이상하게 생각하지 않을 텐데

나 그대 손을 잡고 함께 집에 갈 텐데

내 어머니가 날 길러준 우리집으로

그대 거기에서 나의 포도주를 나눠 마시고

내 뺨에 키스도 해줄 텐데 – 아 8:1~2

우리는 혈육이나 가족이 아닌 다른 사람에게 사랑을 표현하는 것에 대해, 좀 쑥스럽고 오글거리는, 뭔가 잘못된 것 같은 느낌을 갖습니다. 본래 혈육은 굳이 노력하지 않아도 자동으로, 자연스럽게 사랑하게 되지요. 그것은 생명체가 추구하는 본능적이고도 이기적인 사랑이기 때문입니다. 하지만 혈육이 아닌 타인을 사랑하는 것은 이타적인 사랑으로서, 보통은 자연스럽지 않고 좌절되기 쉽습니다.

위 본문에서 '나의 쌍둥이 오빠' 또는 '내 어머니 젖을 같이 먹은 내 오라비'는 혈육을 의미합니다. 그러면서 소녀는 '왕자님이 우리 오빠였다면 좋겠다, 그렇게 자연스럽고도 친밀하게 사랑할 수 있으면 좋겠다'라는 얘기를 하고 있네요. '내 어머니가 날 길러준 우리집으로' 연인을 데리고 가겠다는 것은 혈육이 아닌 타인이었던 연인을 이제는 혈육과 같은 친밀함으로 사랑하겠다는 뜻입니다. 같이 자라난 형제자매처럼 배우자를 사랑하겠다는 것이죠. 20~30년을 훌쩍 뛰어넘어 만난 사람이 아니라, 나의 출신성분과 뿌리를 아는 혈육처럼 친밀하고 친근한 사랑을 나누고 싶다는 거예요. 우리 집의 비밀이나 어두운 과거가 알려질까 봐 두려워하는 게 아니라('Everyone has a skeleton in the closet. 모든 집의 벽장에는 해골이 있다'라는 서양 속담도 있듯이 ^^), 친정식구처럼 내 사정을 다 알아, 무슨 얘길 해도 편안한, 온전히 연합된 사랑을 말하는 것입니다.

이게 바로 성소에서의 사랑입니다. 다시 말해서 혈육과 같은 친밀함으로, 성소에서 주님과 더할 수 없는 친밀한 사랑을 나누는 것이죠.

### 지구별 시골소녀

³⁻⁴상상해 보세요, 내 님이 왼손으로 내 머리를 감싸 안고
오른손으로 내 허리를 꺼안는 모습을!
예루살렘 여인들에게 부탁할게요.
때가 무르익기 전, 준비가 되기 전에는
우리 사랑을 흔들지도, 깨우지도 말아 주길 – 아 8:3~4

그런가 하면 부부가 잠자리를 같이 함으로써 온전히 한 몸이 되듯, 우리도 성소에서 주님과 더할 나위 없는 친밀한 사랑을 나누게 된다는 뜻입니다. 또한 부부가 동침함으로써 자녀라는 열매를 얻듯, 우리와 예수님도 성소에서의 사랑을 통해 많은 열매, 즉 예수님의 새 생명, 아름다운 성령의 열매들을 많이 맺을 수 있다는 의미지요. 그리고 그런 열매들을 거둘 때까지 이 사랑을 흔들어 깨우지도, 방해하지도 말라는 것입니다.

8) "그대만을 영원히 사랑하리!" (변치 않는 사랑)

### 예루살렘 여인들

⁵시골의 거친 들에서 올라오는 저 여인은 누군가요?

연인과 함께 팔짱을 끼고 오는 저 여인 말예요.

### 하늘나라 왕자님

⁵나 그대를 살구나무 아래에서 보고

그대를 흔들어 깨워 사랑을 나누었지

그대 어머니가 진통을 시작했던 그 나무 아래

그대 어머니가 그대를 낳았던 바로 그 나무 아래

### 지구별 시골소녀

⁶⁻⁸그대 목에 내 목걸이를 걸고

그대 손가락에 내 반지를 끼세요.

사랑은 결코 두려워하지 않는답니다

그 어떤 위험이 온다 해도, 설사 죽음이 닥쳐온다 해도

사랑은 결코 두려워하지 않는답니다

질투는 지옥의 공포만큼이나 잔인하지요.

그 어떤 것도 사랑의 불길을 멈출 순 없지요.

그 뜨거운 불길이 눈 앞의 모든 것을 휩쓸어 버리니까요.

엄몰해 오는 홍수도 사랑을 빠뜨릴 순 없어요.
몰아치는 폭풍우도 사랑을 꺼뜨릴 순 없어요.
천만금을 준다 해도 사랑은 살 수가 없어요.
수억원을 준다 해도 사랑은 팔 수가 없어요.
사랑은 시장에서 구할 수 있는 게 아니니까요. - 아 8:5~8

아무리 온전하고 친밀한 사랑이라도 언젠가 끝이 난다면 편한 마음으로 맘껏 즐길 수가 없겠죠. 많은 연인들이 일어나지도 않은 불행에 대해 미리 염려하면서, 사랑을 맘껏 즐기지 못합니다. 이별을 생각하면서 말이죠(회자정리 會者定離ㅠㅠ). 이것은 그들의 사랑이 보장받지 못한 사랑이기 때문입니다. 아무리 좋은 것이라도 언젠가 끝이 난다면 얼마나 슬픈 일인가요? 안타깝게도 인간의 사랑은 이처럼 쉽게 변하는 게 사실입니다. 그 어느 누구도 자기의 사랑에 대해 자신할 수 없는 게 우리의 솔직한 고백이지요(결혼식장에서 신랑신부가 사뭇 진지하고도 엄숙한 자세로 결혼서약을 하지만, 그걸 지켜보는 하객들은 그게 다 부질없는 맹세임을 잘 알고 있지요^^). 사랑은 의지로 되는 게 아니니까요. 인간의 사랑이 본래 이기적인 동기에서 시작되기 때문에 더 그렇기도 하고요. 상대방이 자기의 굶주림을 채워주는 동안은 '사랑이라는 감정'으로 그에게 계속 붙어있지만, 그의 늙고 병들고 추한 모습이 드러나면 우리는 언제 그랬냐는 듯이 그 사랑을 곧 철수해 버리고 맙니다. 껍데기는 여전히 사랑을 흉내낼 수 있겠지만, 마음은 그렇지 못하다는 거죠.

하지만 성소에서의 사랑은 영원히 변치 않습니다. 어떤 조건에서도 말이죠. 내가 병들고 늙고 추해지더라도, 또한 나의 상한 마음이 드러나더라도, 예수님의 우릴 향한 그 최고의 사랑, 유일한 사랑은 영원불변이라는 거예요. 하나님께서 우리에게 '넌 영원히 내 거야!'라고 인쳐 주셨기에(확인도장 꾹~^^) 하나님의 사랑은 절대 변함이 없습니다.

그렇다면 영원히 변치 않는 사랑, 이게 어떻게 가능할까요? 성소에서의 사랑은 그 출발점부터가 조건적이지 않기 때문에 '영원불변'이 가능한 것입니다. 위의 성경 본문에서 하늘나라 왕자님이 사랑하는 대상이 어떤 사람인지 한번 살펴볼까요? 그 소녀는 시골의 '거친 들에서 올라온', 정말 볼품없고, 아무런 사랑할 조건이 없는 여인입니다.

'그대 어머니가 진통을 시작했던 그 나무 아래, 그대 어머니가 그대를 낳았던 바로 그 나무 아래'란 말은 이 여인의 출신성분이 매우 비천함을 상징하죠. 이것은 예수님께서 우리의 비참한 본질(3대 원마음)이 시작되었던 그 지점, 바로 선악과 아래, 그 저주의 형벌 아래 있던 존재인 우리를 선택해, 사랑하셨다는 뜻이죠. 그럼에도 불구하고 예수님은 바로 그 나무 아래에서 우리를 흔들어 깨워 사랑을 나누었다고 고백하십니다. 그리고 우릴 향해 이렇게 말씀하십니다.

"네가 비록 선악과를 따 먹음으로써 영원히 저주받을 수밖에 없는 존재로 타락했지만, 난 무조건 널 사랑한단다. 그러기에 십자가에서 나의 생명과 널 바꿨던 거야. 내가 널 왜 사랑하냐고? 네가 착해서? 잘 생겨서? 똑똑해서? 아니야! 오히려 네가 죄인이었을 때 사랑했는 걸…? 네 밑바닥까지 다 보고도, 네가 빵점이란 걸 다 알고도 널 사랑했는 걸? 그러니 넌 아무것도 두려워할 필요가 없어. 너의 그 어떤 추한 면이 드러난다 해도 난 여전히 널 사랑할 거야. 내 사랑은 아예 맨 밑바닥에서 시작했으니까… 그보다 더 내려갈 수는 없으니까… 네 어떤 모습이 드러난다 해도 첫 출발점보다는 나으니까… 너를 향한 내 사랑은 죽음도 막을 수 없어. 내가 생명을 주고, 죽음을 택하면서까지 널 사랑했는데 죽음이 어떻게 우리 사랑을 막을 수 있겠니? 널 사랑하는 마음이 얼마나 뜨겁게 타오르는지, 그 어떤 홍수나 폭풍우라 하더라도 이 사랑의 불길을 꺼뜨릴 수 없단다. 그래서 네가 날 떠나 다른 걸 사랑할 때, 내 마음엔 지옥의 공포 같은 질투가 일어나는 거야."

내가 확신하노니 사망이나 생명이나 천사들이나 권세자들이나
현재 일이나 장래 일이나
능력이나 높음이나 깊음이나 다른 아무 피조물이라도
우리를 우리 주 그리스도 예수 안에 있는 하나님의 사랑에서
끊을 수 없으리라 – 롬 8:38-39

　네, 인간의 사랑은 불장난으로 끝나고 맙니다. 하지만 창조주 하나님은 이 못나고 비천한 인간들을 향해 죽음을 불사한 사랑을 주셨습니다. 그래서 그 어떤 것도 우릴 향한 하나님의 사랑을 끊을 수가 없는 것이지요!


## 9) "그대 모습은 위풍당당한 여왕의 자태!"
### (자신감 있는 사랑)

### 지구별 시골소녀

$^{8-9}$우리 오빠들이 저에 대해 걱정하기를
"우리 여동생은 젖가슴이 없어서 어떡하나?
남자들이 이 아이에게 청혼해 올 때
우리가 여동생을 어떻게 도와줄 수 있을까?
연약한 처녀인 우리 여동생을

우리가 보호해줘야 할 텐데
사람들이 우리 여동생을 성벽으로 생각하면
우리가 그 성벽에 철조망을 쳐주고
사람들이 우리 여동생을 문으로 생각하면
우리가 그 문에 방어벽을 쳐줄 텐데…"
[10]사랑하는 오빠들,
나는 성벽으로 둘러싸인 처녀,
풍만한 내 젖가슴은 높은 망대랍니다.
내 님이 나의 화평한 모습을 보면
이내 흡족한 마음으로 기뻐할 거예요. – 아 8:8~10

한편, 소녀의 오빠들이 소녀가 '젖가슴이 없다'고 걱정하네요. 즉 여성으로서 자신감이 없는 부끄러운 상태라는 거죠. 본래 사랑은 당당하고 자신감이 있을 때에, 편안하게 집중할 수가 있습니다. 그런데 소녀는 젖가슴이 없으니 당당하지도, 편치도 않은 거죠. 그래서 소녀의 오빠들이 뭔가 대신해 주고 싶은 거죠(딸을 시집 보낼 때 예물을 보내는 이유가 신부의 부족함을 메꾸기 위해서이듯 말이죠). 소녀의 오빠들이 '소녀가 성벽과 문과 같으니, 그 성벽과 문에 철조망과 방어벽을 쳐주겠다'고 합니다. 우리가 주님과 사랑을 나누는 성소에도 문이 있습니다. 문은 들여보내도 되는 것과 안 되는 것을 분별하고 통제하는 기능을

합니다. 그런가 하면, 오빠들이 성벽과 문에 철조망과 방어벽을 쳐 준다는 것은, 자기 누이동생의 사랑을 아무도 공격하지 못하게 해주겠다는 뜻입니다.

그런데 소녀는 자기를 걱정하는 오빠들에게 뜻밖의 대답을 합니다. '자기 젖가슴이 결코 빈약하지 않고, 풍만하여 높은 망대와 같다'고 당당하고도 자신있게 말합니다. 높은 망대에 올라가야 적들의 동태를 신속히 파악하여 대처할 수 있듯, 신앙생활에 있어서 망대는 매우 중요합니다. 정신 놓고 있다가 마귀에게 공격을 당해, 실컷 얻어맞고, 다 빼앗긴 후에 후회해 봤자 이미 늦기 때문이죠. 미리미리 조기 경보체제를 갖춰 놓고 마귀가 아예 공격할 생각조차 못하도록 해야 지혜로운 사람입니다.

이처럼 하나님께서는 성소에서의 사랑이 영원히 계속될 수 있도록 우릴 보호해 주십니다. 그래서 우리에게 성벽과 문, 망대와 보초병을 다 주셨습니다. 그 결과 우리는 '화평한 모습'으로, 평화스럽게 마음껏 주님과의 사랑을 누릴 수 있게 됩니다. 사랑은 편하게 안식해야 합니다. 화평, 평화, 자유로움, 당당함과 자신감이 있어야죠. 이게 바로, 예수님께 든든히 보호받는 '성소에서의 사랑'이랍니다.

10) "이 모든 게 다 그대의 것, 맘껏 누려요!"
   (풍요로운 사랑)

### 지구별 시골소녀

11-12 솔로몬 임금님은

기름지고 비옥한 시골 땅에

광대한 포도원을 소유하고 있답니다.

그곳에서 왕자님은 일꾼들을 고용하지요.

사람들은 그 좋은 일자리를 얻기 위해 뭐든 다 한답니다.

하지만 그 포도원은 완전한 나의 소유

오직 나만이 그 포도원의 주인

솔로몬 임금님, 그 광대한 포도원을

임금님의 귀빈과 함께 소유할 수 있어요!

### 하늘나라 왕자님

13 오, 정원의 아가씨여,

내 친구들이 나와 함께 듣고 있으니

부디 그대 목소리를 들려주세요!

### 지구별 시골소녀

14 내 사랑이여!

가젤처럼 달려오세요.

내 품으로 달려오세요.

들사슴처럼 뛰어오세요.

향기로운 이 산으로! – 아 8:11~14

전에는 품삯을 받으며 포도원에서 일하던 소녀가, 이제는 솔로몬의 광대한 포도원이 자기 소유라고 당당하게 선포합니다. 남편의 모든 재산을 함께 공유하며 누리는 거죠. 더 이상 가난에 쪼들리지 않습니다. 남편의 것이 다 자기 것이니까요.

우리가 예수님을 사랑하면 하늘의 모든 기업을 자연스럽게 누리게 됩니다.

25-26 하나님을 위해, 하나님을 경배하는 삶을 살기로 결심했다면, 오늘 저녁 메뉴가 뭔지, 옷장에 최신 패션의 옷이 있는지… 그런 걸로 법석 떨지 마. 산다는 것은 뱃속에 집어넣는 음식 이상의 의미가 있는 거잖니? 너희 자신이, 몸에 걸치고 다니는 옷 이상의 의미가 있지 않냐구? 새들을 봐! 업무목록에 매여 있지도 않고, 그 어느 것에도 속박되지 않은 채, 얼마나 자유롭니? 하나님의 돌보심(care)을 받으면서, 아무것도 신경 안 써도(careless) 되잖아? 하나님께 새가 더 소중하겠니, 너희가 더 소중하겠니? 새랑 너흰 비교조차 안 된단다!

27-29 혹시 거울 앞에서 노심초사, 안달해서, 키가 1cm라도 더 자랐다는 사람 본 적 있니? 설마 패션에 쏟아 붓는 이 모든 시간과 돈이, 너희를 조금이라도 다르게 해 줄 거라고 생각하진 않겠지? 너희 옷만 쳐다보고 있지 말고, 들로 나가서 들꽃을 한 번 봐. 들꽃은 최신 패션으로 치장하지도, 옷을 쇼핑하지도 않지만, 들꽃처럼 아름다운 색상과 디자인의 패션을 본 적이 있니? '대한민국의 옷 잘 입는 연예인 10인' 안에 든 사람이라 해도 들꽃 옆에서는 초라해 보이지 않겠니?

30-33 들꽃-대부분의 들꽃은 그 누구도 봐 주지 않은 채 지고 마는데도-의 모습에도 하나님께서 그렇게 관심을 가지신다면, 하물며 너희에게는 어떠시겠니? 너희에게 지대한 관심을 갖고, 너희를 자랑스러워하시며, 너희를 위해 최선의 것을 베풀어 주시지 않겠니? 내 얘기는 다른 게 아냐. 너희가 제발 마음 좀 편히 갖고, '조금만 더, 조금만 더!' 하면서 돈 버는 데 혈안이 되어 살지 말고, 하나님께서 베풀어 주시는 것을 누리며 살라는 거야. 하나님을 모른 채, 이런 것들에 대해 그토록 안달하는 사람은, 하나님께서 이런 것들(너희가 필요한 것들)을 공급해 주시는 방식도 알 수가 없지. 하지만 너희는 다르잖니? 너희는 하나님도 알고, 하나님의 공급 방식도 알고 있잖아! ① 하나님의 살아계심 ② 하나님의 주관하심 ③ 하나님의 공급하심에 흠뻑 빠져 보렴! '이러다 내가 뭐 놓치는 거 아냐?'라며 걱

정하지 않아도 돼! 매일 필요한 모든 걸 하나님께서 빠짐없이 다 공급해 주시는 걸 몸소 체험해 보렴!

³⁴하나님께서 지금 무슨 일을 하고 계신지, 거기에만 온전히 집중해! 내일 일어날, 혹은 일어나지 않을 일에 대해서는 미리 걱정하고 애쓸 필요가 없단다. 네게 어려운 일이 생기면, 그때 가서, 잘 처리할 수 있도록 하나님께서 널 도와주실 테니까 말야.

– 마 6:25~34 (유진 피터슨의 '메시지' 성경, 허계영 개인 번역)

성소에서의 사랑은 바로 이런 사랑입니다. 하늘나라의 기업을 바라보는 거예요. 현실적으로는 가진 게 없는데, 마음은 얽매임 없이 자유롭게 누릴 수 있는 거죠. 땅을 정복하고 다스리라고 하신 것처럼 말예요. 내가 갖지 못한 것에 집중하는 게 아니라, 예수님께 집중하기에, 그분 것이 다 내 것이 되는 거예요. 믿음으로 침노하는 거죠. 그리고 그 침노할 대상, 반드시 쟁취해야 할 대상, 결코 놓칠 수 없는 대상이 바로 예수님인 거예요.

> 세례 요한의 때부터 지금까지 천국은 침노를 당하나니
> 침노하는 자는 빼앗느니라 – 마 11:12

그러면 우리는 누구도 방해하지 못하는 영원하고 화평한 사

랑, 아무런 묶임이나 눌림이 없이, 자유롭게 마음껏 뛰놀 수 있는 사랑, 그렇게 보호받고 보장된, 예수님과의 사랑을 누릴 수 있는 것입니다. 잊지 마세요! 예수님과 우리 사이의 사랑은 그 어떤 고난이나, 시련이나, 심지어 죽음까지라도 결코 방해할 수 없다는 사실을요.

그리고 이렇게 예수님과의 사랑이 우리 속에 충만하면, 인간을 향한 사랑-배우자, 자녀, 친구, 지체간의 사랑-도 점차 무조건적이며, 완전하고, 영원한 사랑으로 발전되고 성숙되어 자유롭고 화평하게 누릴 수 있게 된답니다. 우리의 고질적인 유전병, '사랑의 중도포기증'이 마침내 치유된 것이죠! 이 사랑이 바로 우리 신앙의 최고 경지입니다. 진선미(眞善美)를 한 마디로 얘기하면 바로 '사랑'입니다.

영원히 변치 않는 진리이자, 최고로 선한 것이자, 가장 아름다운 것이 바로 '사랑'이니까요.

# 21
# 아가서는 신데렐라 이야기의 후속편

## 1) 신데렐라 이야기 1편 (밀월기)

"신데렐라는 왕자님과 결혼하여 궁궐에서 행복하게 오래오래 살았답니다."

우리가 알고 있는 신데렐라 동화는 이렇게 끝이 납니다. 그런데 궁궐에 들어간 신데렐라는 과연 평생토록 아무 갈등없이, 행복하게 살았을까요? 사실 신데렐라 동화는 1편으로 끝난 미완성 작품에 불과합니다. 그것은 현실이 아닌, 환상적 사랑 이야기니까요. 환상적 사랑을 통해 버림받음의 상처와 마음의 아픔들을 방어하고, 보상받으려는 '가상의 그림'에 불과하니까요.

그리고 그 환상적 사랑의 대상 역시 실체가 아니니까요. 현실 세계에는 신데렐라가 사랑한 왕자님이 존재하지 않으니까요. 그래서 아무 갈등도, 아픔도, 그리고 버림받을 일도 없는 것입니다.

신데렐라뿐만 아니라, 모든 인간이 다 환상으로 사랑을 시작합니다. 자기가 꿈꾸던 환상적 요소를 가진 사람을 만나면, 그 환상적 사랑에 눈이 멀어 겁도 없이, 담대하게 사랑을 시작하게 되는 것이죠. 생물학적으로는 이 단계에서 페닐에틸아민(PEA)이라는 신경전달물질이 분비된답니다. 체내에서 분비되는 이러한 물질 덕분에 사랑에 빠진 사람들은 상대방의 단점을 아예 보지 못하거나, 보더라도 너그러워지는 거죠. 한 마디로 사랑에 도취되어 이성이 마비되는 단계입니다.

하지만 사실은, 실제 인물을 사랑하는 게 아니라, 자기가 만들어 낸 환상을 사랑하는 것일 뿐입니다. 신데렐라 동화가 딱 여기에서 끝나기에, 아무 갈등도, 버림받음의 아픔도 없이 '완벽한 사랑'인 것처럼 보이는 거죠.


## 2) 신데렐라 이야기 2편 (권태기)

어느덧 꿈 같은 사랑이 사라지고, 신데렐라와 왕자님은 서로의

'실체'와 부딪치는 단계가 옵니다. 즉 환상이 깨지는 것이지요. 생리적으로는 이 단계에서 사랑의 호르몬 생산이 중단됩니다. 그렇다면 하나님께서는 왜 계속 호르몬을 생산시켜 주셔서 사랑에 빠진 채로 착각하며 살게 해 주시지 않는 걸까요? 그것은 자신의 모습, 특히 자기 안에 숨겨져 있던 버림받음의 상처를 보게 하시기 위함이랍니다.

얼떨결에 왕후가 된 신데렐라, 그녀도 처음에는 화려한 궁궐, 자기 앞에서 머리를 조아리는 대신들, 깍듯이 시중드는 시녀들로 인해 모든 게 황홀했겠지만, 환상의 꿈에서 깨고 보니 슬슬 두려움과 걱정이 몰려오기 시작했을 것입니다. 궁궐에는 지체 높은 고관대작들과 그 딸들이 수시로 드나듭니다. 왕자님은 늘 그들과 회의를 하기도 하고, 그들을 위해 파티를 열기도 합니다. 자신의 초라한 학력과 미천한 신분과는 비교도 안 되는 명문가 규수들이 늘 왕자님 곁을 둘러싸고 있지요. 그리고 그들과 자기가 비교되기 시작합니다. 또한 주변의 시기하는 세력들이 자신의 열등한 면들을 조롱하면서 수군거리기도 하고, 심지어는 신데렐라를 모함하기까지 합니다. 어쩌다 왕자님이 늦게 들어오면 괜히 의심하는 마음이 들어 바가지를 긁다가 부부싸움으로 번지기도 합니다. 이런 일이 잦아지면서 점차 서로를 향한 원망도 커져 가죠. 상대방이 변했다고, 사랑이 식었다고 서로를 공격하면서 분노합니다. 그동안 환상적 사랑으로 모든 것이 좋게만 보이던 게, 이제 버림받음의 상처가 드러나면서 모든 것이 부정적으로 보이기 시작합니다. 상대방을 향한 원망, 불평 등을 쏟아내니, 그 누구인들 이런 사람을 계속 사랑하고 싶겠습니까? 마치 '난 버림받고 말 테야'라고 작정한 사람처럼 계속 꼬인 마음으로, 삐딱하게만 행동하는데 말이죠. 한때는 그렇게 모든 게 완벽해 보이고 좋아 보이던 사람이 갑자기 단점 투성이로 보이면서, 짜증스럽게 느껴지니… 정말 불행한 나날의 연속인 거죠. 하지만 남들 앞에서는 행복한 척 억지 웃음을 짓습니다. 그러나 이러한 가식적인 생활에 회의가 든 신데렐라는 차라리 옛날이 나았다면서 결국 가출까지 시도합니다. 궁궐을 탈출할 때마다 몇 번이고 왕자님이 찾아오지만, 왕자님도 서서히 지쳐갑니다. 이혼도 생각해 보지만 엄두가 나지 않아, 그냥 서로가 '무언의 타협점'을 찾아, 서로 부딪치지 않으려 노력해가면서, 최소한의 소통만 유지한 채, 조건적인 사랑을 하는 단계로 돌입하는 것입니다. 이러한 단계를 전반적으로 권태기라고 하죠. 이는 사랑을 중도포기한 상태로서, 사랑의 흉내만 낼 뿐, 사랑의 본질로 들어가지 못하는 상태입니다. 왜냐하면 상대방을 향해 이미 마음을 닫아버렸으니까요.

이런 극적인 심리 변화에 자신도 당황하면서 어떻게든 다시 사랑의 마음을 회복해보려 하지만, 이게 쉽지가 않습니다. 왜냐하면 이것은 자기도 모르게, 무의식 차원에서 강박적으로 나타나는 반응이기 때문입니다.

대부분의 사람들은 이 단계에서 자신의 깊은 상처를 드러내거나 치유받으려 하지 않고 그냥 포기한 채, 적당한 타협점을 찾는 것으로 갈등을 해결합니다. 결혼생활에 있어서도 자신이나 배우자의 실체를 제대로 보려 하지 않은 채, 그냥 계약 관계로 들어가는 거죠. 자꾸 싸우고 부딪치는 게 힘드니까, 그냥 서로 더 이상 건드리지 않기로, 최소한의 자기 역할만 하기로 타협을 하는 거죠. 물론 부부가 서로 마주앉아 이런 세부조항들을 의논한 후, 계약서를 쓰지는 않지만, 서로 '무언의 타협점'을 찾아, '무언의 계약서'를 작성하는 것입니다. 그 결과, 겉으로는 평화와 화목이 유지되는 것 같아 보이지만, 사실은 이것이 마음과 마음이 연결된 진정한 사랑의 관계가 아니기에, 언제 터질지 모르는 긴장관계가 계속됩니다. 그러다 이 계약관계가 유지되지 못하는 사태가 발발하면, 이혼으로까지 가기도 하는 거죠.

이것이 바로 대부분 우리의 결혼생활에서 나타나는 과정입니다. 단지 결혼생활만 그럴까요?

우리는 신앙생활에서도 이런 과정을 반드시 겪게 됩니다. 우리는 이때, 하나님을 향한 첫사랑이 식었다고, 은혜가 사라졌다고 말하죠. 그리고 주님이 날 버리신 것처럼 느낍니다. 처음에 예수님을 만나고서는 환상적 사랑에 취해 그렇게 뜨겁게 예수님을 사랑했었는데, 이제는 '예수님도 날 버리셨나 봐. 그럼 그렇지. 예수님이 나 같은 걸 어떻게 사랑하실 수 있겠어? 이렇게 못 돼먹고, 형편없는 날 벌하시는 거야. 날 싫어하시는 거라구'라면서 모든 걸 부정적으로만 생각하게 됩니다. 은혜와 은사가 사라지는 거죠. 그러면서 하나님께 계약관계로 나아갑니다. '내가 주일성수, 십일조, 새벽기도, QT 등등… 이런 의무들을 수행할 테니, 하나님께서도 내 삶에 복을 주세요'라고 서로 최소한의 역할만 감당하는 관계로 나아가는 거죠. 은혜와 사랑이 아닌, 행위 중심의 종교생활로 변질되는 것입니다. 이건 사랑의 관계가 아니죠. 하나님과 마음으로 연결된 진정한 사랑의 관계가 아니기 때문에, 계약 조건에 위배되는 상황이 벌어지면(예를 들어, 내가 종교적 의무를 다 했음에도 불구하고, 하나님께서 내 삶에 고난을 주시는 일이 생기면) 곧 하나님을 떠날 수도 있다는 태도입니다. 대부분의 그리스도인들이 이 단계에 머물러 마지못해 의무적, 형식적, 율법적으로 종교생활을 하고 있습니다. 정말 안타까운 일이죠.

그래서 이러한 위기를 극복하고자, 교회봉사나 기도에 더 열심을 내 보지만, 한때 그토록 뜨거웠던 신앙은 여간해서 회복되기 어려운 채, 율법적인 종교생활로 전락해갑니다. 신앙생활이 점점 더 재미없어지고 피곤하기만 할 뿐이죠.

하지만 앞에서도 언급했듯이, 하나님께서 이러한 단계를 허락하시는 이유는 자신의 모습을 있는 그대로 보게 하심으로써,

진정한 사랑의 단계로 들어가게 하시기 위함입니다. 즉 사랑을 방해하는 버림받음의 상처를 드러내시고, 치유해 주심으로써, 더 깊고 진실된 사랑으로 성숙시켜 주시려는 것이니 결코 여기에서 포기해서는 안 되겠죠?

## 3) 신데렐라 이야기 3편 (회복기)

이때(권태기때), 자신의 모습을 있는 그대로 바라보고, 솔직히 인정한다면, 진정한 사랑의 단계로 들어갈 수 있게 됩니다. 신데렐라와 왕자님이 서로의 문제를 인정하고 수용하면서 다시 사랑을 회복하는 거죠.

신앙의 단계로 치면 '나의 이런 버림받음의 상처조차 예수님께서 십자가에서 다 해결해 주셨어. 십자가에 달리신 예수님께서는 하나님과 사람들에게 철저히 버림받으심으로써, 나의 버림받음의 상처를 대신 해결해 주신 거야. 그래서 나는 더 이상 버림받을 필요가 없어. 나는 이제 하나님과 사람들에게 사랑받기만 하면 돼. 나는 충분히 사랑받을 자격이 있는 사람이야. 왜냐하면 예수님이 십자가에서 나의 죄악, 추함, 버림받음을 다 가져가시고, 예수님의 순수함과 아름다움, 그리고 사랑스러움을 내게 주셨기 때문이야. 이렇게 십자가에서 '즐거운 교환(delightful exchange)'이 이루어졌기 때문이야'라고 수시로 십자가 앞에 나아가 이 사실을 재차 확인하는 거죠. 그러면서 제2의 깊은 신앙의 단계로 들어가게 되는 것입니다. 베드로로 치자면, 디베랴 바닷가에서 부활하신 주님을 다시 만나는 단계입니다. 그럼으로써 처음의 환상적 사랑보다 더 깊은, 진실된 사랑의 관계로 주님과 연합하는 것이지요.

아가서의 황금마차 14호

## 기독교 신앙의 핵심, 십자가! 하지만 많은 오해가…

# 오해 1 — 십자가는 처음 구원받을 때만 필요하다?

그리스도인이라면 누구나 '예수님께서 십자가에서 우리의 죄값을 대신 치르셨음'을 믿고 구원을 받습니다. 십자가가 이처럼 우리가 구원을 받고 새 생명을 얻는 유일한 길이라는 건 변함없는 진리지만, 십자가를 단순히 구원받고 천국에 들어가는 수단, 즉 '구원용'으로만 국한시킨다는 것은 정말 안타까운 일이죠. 그보다 좀 낫다면, 큰 죄를 지었을 때 '회개용'으로, 또는 고난주간의 '묵상용' 정도로만 사용할 뿐, 많은 그리스도인들이 매일의 신앙생활에서 십자가를 깊이 만나지 못하는 게 사실입니다. 그런데 사도 바울은 십자가를 신앙생활의 중심에 놓고, 늘 십자가를 바라봤습니다.

> 그러나 내게는 우리 주 예수 그리스도의 십자가 외에 결코 자랑할 것이 없으니 그리스도로 말미암아 세상이 나를 대하여 십자가에 못 박히고 내가 또한 세상을 대하여 그러하니라 – 갈 6:14

왜 그랬을까요? 바울은 십자가를 단순히 '구원의 수단'으로만 생각하지 않았던 것입니다. 그는 예수님께서 십자가 고난을 통해 단지 우리 ①죄를 씻어 주셨을 뿐만 아니라, ②죄로 인한 모든 부산물들(상처들)까지 다 치유해 주셨다는 것을 믿었던 거죠. 사실 죄와 상처는 동전의 양면과도 같습니다. 죄는 상처를 남기고, 상처는 다시 죄를 짓게 만드니까요.

만약에 예수님께서 우리의 죄와 사망의 문제만을 해결해 주실 목적이었다면, 보다 편안한 방법으로 죽음을 맞이하셔도 됐을 것입니다. 하지만 주님께서는 죄로 인한 후유증들(그 아픔과 고통)까지 해결해 주시기 원했기 때문에, 우리 대신 그 극심한 아픔과 고통을 몸소 당하시려는 의도로 굳이 십자가를 선택하셨던 것입니다. 다시 말해서 십자가를 통해 예수님께서는 인간이 원죄로 인해 갖게 된 원마음(① 무력감, ② 정죄감, ③ 버림받음)까지 대신 감당해주신 거죠. 그래서 전능하신 하나님이 한낱 어린양처럼 그토록 ① 무력해지셨고, 거룩하신 하나님이 그렇게 끔찍한 십자가형을 당하실 만큼 극악무도한 ② 죄인의 모습이 되셨으며, 온갖 수치와 멸시, 조롱과 모욕을 당하시면서 하나님의 백성들과 제자들에게, 심지어 하나님 아버지에게까지 ③ 버림받으셨던 것입니다.

어떤 사람들은 말합니다. '예수님께서 우리의 모든 죄와 아픔을 십자가에서 이미 다 해결해 주셨는데, 우리가 계속해서 다시 십자가에 나간다는 것은 오히려 불신앙이 아닐까?'라고 말이죠. 이에 대한 대답 역시 성경에서 찾을 수 있습니다.

> 형제들아 내가 그리스도 예수 우리 주 안에서 가진 바
> 너희에 대한 나의 자랑을 두고 단언하노니 나는 날마다 죽노라
> - 고전 15:31

사도 바울은 처음 구원받을 때 단 한번으로 그치지 않고, 날마다 십자가에 나아가 죽는다고 했습니다. 예수님께서 이미 십자가에서 우리의 죄와 상처를 완전하게 해결해 주신 것은 분명 맞습니다.

> 저가 한 제물로 거룩하게 된 자들을 영원히 온전케 하셨느니라
> - 히 10:14

그런데 문제는 우리에게는 과거 죄와 상처에 대한 기억이 남아있어 거기에 자꾸만 속는다는 것이죠. 그래서 우리가 과거의 죄와 상처의 기억이 떠오를 때마다 이것을 십자가에 가지고 나아가, 주님께서 우리 죄와 상처를 십자가에서 이미 다 해결해 주셨음을 재차 확인하고, 이에서 벗어나야 하는 것입니다.

# 오해 2 — '날마다 자기 십자가를 지라'는 말씀은 '고난을 묵묵히 감당하라'는 뜻이다?

어떤 사람들은 쉽게 해결되지 않는 골치 아픈 문제에 대해 '어이구, 내 십자가!'라면서 마치 옛날 어른들이 '어이구, 내 팔자야!'라고 하던 말을 대치하는 정도로 (자기한용으로^^) 한숨을 쉬며 말합니다. 이처럼 '날마다 자기 십자가를 지라'는 말씀을 자칫 '자기학대'나 '자기억압'의 의미로 받아들이는 것은 큰 잘못입니다. '날마다 자기 십자가를 지라'는 말씀의 진정한 의미는 다음과 같습니다.

① 자신의 죄와 상처를 드러내고 인정할 것 : 우리는 종종 종교나 율법 속에 자기의 죄와 상처를 감추어 놓습니다. (예를 들어 '난 이렇게 열심히 교회 다니고 기도와 헌금과 봉사도 많이 하니 의로운 사람이야'라며 자기에겐 죄와 상처가 없다고 스스로 합리화한다는 거죠.) 왜냐하면 우리가 죄와 상처를 직면할 때, 너무 아프기 때문입니다. 하지만 우리가 의사 앞에서 우리의 환부를 먼저 드러내야 치료를 받을 수 있듯이 예수님 앞에서 우리의 죄와 상처를 다 드러내고 인정하는 게 중요합니다.

② 자신의 죄와 상처가 드러날 때의 아픔을 직면할 것 : 앞에서 말한 것처럼 우리의 죄와 상처가 드러나면, 우린 아픔과 고통을 느끼는 게 사실입니다. 하지만 그 아픔과 고통은 예수님께서 나의 죄와 상처를 대신하실 때 느끼셨던 아픔과 고통의 극히 일부분, 즉 맛보기에 불과합니다. 이 작은 아픔과 고통을 통해, 우릴 향한 예수님의 희생과 사랑이 얼마나 크신 것인지를 조금이나마 경험하고 알 수 있는 것이죠. 그리고 이를 통해, 나 때문에 그 모진 고통과 고난을 당하신 예수님께 진정한 감사와 사랑의 고백을 드릴 수 있는 것입니다.

이것이 바로 '자기 십자가를 지는 것'입니다. 그리고 주님께서 이미 나의 이 모든 죄와 상처를 다 해결해 주셨음을 믿고 자신을 용서하고 사랑하는 것, 그래서 주님이 주신 자유와 의와 사랑과 평안과 생명을 누리는 것, 이것이 진정한 '십자가와 부활의 연합'이랍니다!

하지만 이것으로 사랑이 끝나는 게 아닙니다. 오히려 여기에서 새로운 사랑이 시작됩니다. 그동안 머리로만 하던 사랑을 온 몸으로 하게 되는 단계입니다. 하나님을 온 몸으로 사랑한다는 게 무슨 뜻일까요?

예수님께서는 성만찬을 통해 우리와 한 몸으로 연합되길 원하셨습니다.

> 저희가 먹을 때에 예수께서 떡을 가지사 축복하시고 떼어
> 제자들을 주시며 가라사대
> 받아먹으라 이것이 내 몸이니라 하시고
> 또 잔을 가지사 사례하시고
> 저희에게 주시며 가라사대 너희가 다 이것을 마시라
> 이것은 죄 사함을 얻게 하려고
> 많은 사람을 위하여 흘리는 바 나의 피 곧 언약의 피니라
> - 마 26:26~28

몸으로 제사를 드리는 것은 바로 십자가 앞에 나아가 우리의 상한 마음인 양파껍질을 매일 벗김으로써, 몸으로 십자가와 연합하는 과정을 말합니다. (견고한 '사랑의 회로'를 몸 안에 형성하는 것, 앞에서 배운 뇌과학 이론 기억나시죠?)

> 그러므로 형제들아 내가 하나님의 모든 자비하심으로
> 너희를 권하노니 너희 몸을
> 하나님이 기뻐하시는 거룩한 산 제사로 드리라
> 이는 너희의 드릴 영적 예배니라 – 롬 12:1

우리 몸은 하나님이 거하시는 성전입니다. '온몸으로 주님을 사랑한다'는 것은, 주님을 우리의 몸 안에 모시고 예배하고 사랑하는 것을 말합니다.

> 너희가 하나님의 성전인 것과
> 하나님의 성령이 너희 안에 거하시는 것을 알지 못하느뇨
> – 고전 3:16

아가서에서도 몸에 대한 표현이 많이 나오는 이유가 바로 이것입니다. 그런데 우리의 몸에는 사랑을 방해하는 버림받음의 상처와 아픔들이 단백질로 육화(구조화)되어, 몸의 기억으로 남아 있습니다. 그래서 우리는 몸을 진정한 번제로 드려야 하는 것입니다.

또 예수님께서는 우리에게 생명의 떡인 예수님 자신을 먹고 마시라고 하십니다.

> 예수께서 가라사대 내가 곧 생명의 떡이니
> 내게 오는 자는 결코 주리지 아니할 터이요
> 나를 믿는 자는 영원히 목마르지 아니하리라 – 요 6:35

아가서에도 먹고 마시는 이야기가 많이 나오는 것은, 예수님께서 우리의 몸에서 우리를 만나셔서, 우리와 완전한 하나가 되길 원하시기 때문입니다.

> 명절 끝날 곧 큰 날에 예수께서 서서 외쳐 가라사대
> 누구든지 목마르거든 내게로 와서 마시라
> 나를 믿는 자는 성경에 이름과 같이
> 그 배에서 생수의 강이 흘러나리라 하시니
> 이는 그를 믿는 자의 받을 성령을 가리켜 말씀하신 것이라
> – 요 7:37~39

몸은 하나님의 사랑을 상징하는 모성의 뿌리입니다. 아가서에서 말하는 부부간의 성(性) 역시 몸의 완전한 결합, 하나됨을 상징하지요. 하나님의 사랑은 이처럼 전인적인 것입니다. 이렇게 우리의 몸과 혼(마음)과 영이 완전한 구원을 이루는 것이지요.

## 4) 신데렐라 이야기 4편 (성숙기)

이처럼 몸과 혼과 영이 완전히 하나 되는 사랑, 하나의 생명으로 연합되는 사랑으로 성숙해 갑니다. 신데렐라가 마침내 왕자님의 진정한 신부, 왕후가 되어 궁궐에서의 아름답고 풍성한 삶을 누리는 단계로 들어가는 것이죠. 죽음도 이 사랑을 막지 못합니다. 육신의 죽음은 오히려 이러한 완전한 사랑을 이루기 위해 예수님과의 영광스러운 결혼식을 치르러 가는 과정일 뿐입니다.

그 어떤 위험이 온다 해도, 설사 죽음이 닥쳐온다 해도
사랑은 결코 두려워하지 않는답니다. (사랑은 죽음 같이 강하고) – 아 8:6

이것이 바로 주님과 우리가 완전한 하나의 생명으로 연합되는 단계입니다. 우리가 비록 세상에 살고 있지만, 주님과 연합된 이 생명을 통해 주님의 모든 것을, 하늘의 모든 지혜와 능력과 부요함을 누리는 것입니다. 이 땅에서부터(here and now) 하늘나라를 누리는 것이죠. 주님과의 사랑이 '영원한 생명'의 사랑으로 성숙되어 감에 따라, 이젠 나의 삶이 아닌, 주님의 삶을 살게 되는 것입니다. 이 땅을 사랑으로 섬기는 삶, 곧 예수님의 삶을 사는 것이죠.

사실, 난 그리스도와 함께 십자가에 못 박혔어요. 더 이상 내 자아(ego)가 내 인생의 주인공이 아니예요. 여러분 앞에서 내가 의롭게 보이는 것, 혹은 여러분의 좋은 평판을 얻는 것은 내게 더 이상 아무 의미가 없어요. 또 하나님께 점수 따려고 더 이상 애쓰지도 않아요. 그리스도께서 내 안에 살아 계시기 때문이에요. 여러분이 바라보는 나의 삶은 '내 것'이 아니에요. 나는 '날 사랑하셔서, 날 위해 당신의 몸을 주신' 하나님의 아들을 믿는 믿음으로 사는 거예요. 그리고 난 절대로 그분을 배신하지 않을 거예요!

- 갈 2:20 (유진 피터슨의 '메시지' 성경, 허계영 개인번역)

그런데 이때, 결혼생활에 또 한번의 위기가 찾아옵니다. 왕자님이 다시 사라져 버린 거예요! 그리고 사랑으로 인한 고난(핍박과 환난)이 시작됩니다. 주님을 아무리 찾아도 찾을 수가 없고, 아무리 부르짖어도 응답이 없습니다. 왜 그럴까요? 하늘나라 왕자님이던 예수님이 초라한 인간이 되셔서 나를 위해 십자가를 지고 계시기 때문입니다. 그래서 우리를 능력으로 도와주실 수도, 우리와 함께 계실 수도 없으신 거예요. 나를 너무도 사랑하셔서 십자가에 계시기 때문에 아무런 능력을 행하실 수도, 아무런 말씀을 하실 수도 없으시다는 거죠.

이때 우리는 낙심하고 포기해야 할까요? 천만에요! 이때야

말로 우리가 무력하게 죽어가시는 예수님을 사랑으로 받아들이고 먹어야 할 때입니다. 예수님이 응답하시지 않는 것은, 우리를 버리셨기 때문이 아닙니다. 그것은 오히려 예수님이 우리에게 주실 수 있는 최고의 사랑을 주고 계심을 의미하죠. 바로 이때 우리는 주님의 이 최고의 사랑과 하나가 되어야 합니다. 이것이 바로 십자가를 통해 주님과 완전히 하나가 되는 것이랍니다. 몸과 마음과 영혼이 전인적으로 주님을 만나는 것, 이게 바로 완전한 십자가와 부활의 연합입니다.

또한 주님은 십자가에서 우리가 견고한 사랑의 회로를 형성하길 기다리고 계십니다. 당장 내 눈 앞에 예수님이 보이지 않더라도, 그렇게 시련이 계속된다 하더라도, 과거 예수님이 베풀어 주셨던 사랑과 은혜를 되새기며, 우리가 사랑의 회로를 더 견고히 형성해 나가길 기다리시는 것입니다. 그래서 우리는 예수님이 사라지셨다고 느껴지는 것이죠.

하지만 이때가 바로 예수님을 깊이 만날 수 있는 절호의 기회입니다. 날 대신해 무력하게 죽어가시는 예수님을 알고, 만나는 것이 진정한 십자가의 연합이니까요. 능력 가운데 화려하게 만나는 것이 아니라, 비천하고 무력한 십자가에서 주님을 만나는 것입니다. 거기에서 주님과 진정으로 하나가 되는 것이죠. 거기에서 주님을 몸으로 만나는 것입니다. 주님께서 어느새 내 몸 안에 들어오셔서 나와 온전히 한 몸을 이루신 거예요.

우리에게 있어서 주님은 더 이상 하나의 '객체(대상)'가 아닙니다. 그분은 바로 내 속에 계시니까요. 그래서 우리 몸을 '하나님의 성전'이라고 하신 거고요.

그런데 우리는 늘 주님을 객체(대상)로 여기기 때문에 주님을 자꾸만 밖에서 찾으려 해요. 하지만 주님께서는 '난 이미 네 속에 들어와 있어. 그러니 이젠 믿고 행하면 돼. 더 이상 구하지만 말고 믿음으로 이루면 돼. 이미 열쇠를 네게 줬으니, 믿음으로 열면 돼.'라고 말씀하시죠. 이 얼마나 놀라운 축복인가요?

십자가에 달리신 예수님의 사랑은 결코 변함이 없습니다. 이제 우리는 그 사랑 때문에, 그 어떤 것도 다 버릴 수가 있습니다. 반면, 그 어떤 고난이나 죽음이 닥쳐온다 해도 그 사랑만큼은 버릴 수가 없는 것이지요. 이것이 바로 완전한 사랑의 연합-아가서의 결론-입니다. 그래서 아가서의 사랑 이야기는 이렇게 끝나지 않습니다.

"그들은 오래오래 행복하게 살았답니다."

대신 이렇게 끝나죠.

"그들은 영원히 행복하게 살았답니다."

― 아가서의 황금마차 15호 ―

## 총정리 : 아가서는 이런 틀로 이루어져 있답니다!

- ◆ **1장** : 환상적 사랑으로 하늘나라 왕자님을 가상으로 사랑하는 지구별 시골소녀
- ◆ **2장** : 한편으론 사랑하고파 마음을 열지만, 다른 한편으론 사랑의 두려움에 움츠러드는 소녀
- ◆ **3-4장** : 왕자님의 지속적인 격려에 마음을 열고, 왕자님과 함께 자신의 본질로까지 내려간 소녀 – 이것이 바로 **진정한 사랑의 시작!**
- ◆ **5-6장** : 닥쳐온 시련, 그러나 왕자님과의 추억을 회상하며 **견고한 사랑의 회로를 만들어낸 소녀**
- ◆ **7-8장** : 견고한 사랑의 회로 위에서 왕자님과의 완전한 사랑을 맘껏 누리는 소녀 – 이것이 바로 진정한 사랑의 완성!

**에필로그**

## 상한 마음을 찾으시는 하나님

내가 이성훈 교수님을 처음 알게 된 것은 지금으로부터 약 1년 전, 이 교수님의 저서 '상한 마음을 찾으시는 하나님(개정판 '우리는 왜 변화되지 않는가? 내면의 창으로 다시 본 성경', 출판 준비중)'을 통해서였다. 그 책을 펼쳐 든 순간, 완전히 몰입되어 단숨에 다 읽었던 기억이 난다. 그때 내 마음 속에는 두 가지 의문이 떠올랐다. 첫째는 '이성훈 교수님은 도대체 어떤 분이시길래 이렇게 놀라운 책을 쓰실 수 있었을까?'라는 거였고, 둘째는 '나는 그동안 이렇게 훌륭한 분을 어떻게 모르고 살았을까?'라는 것이었다.

그때부터 나는 이성훈 교수님의 책을 구할 수 있는 범위 내에서 다 구해 읽었고, 인터넷에 올라와 있는 교수님의 강의를 다 찾아 들었다. 아니나 다를까 이 교수님의 다른 책과 강의 역시 너무 놀라웠다. 정말 심오한 영적 진리들이 담겨 있었던 것이다. 하지만 그 수많은 강의들과 저서의 주제는 놀랍게도 단 하나로 귀결되었는데, 그것은 다름 아닌 '예수 그리스도의 십자가'였다!

## 채울 수 없는 우리 마음 속 빈 공간

태초에 하나님이 사람을 만드셨다. 사람을 너무도 사랑하셨던 하나님께서는 사람에게 자유의지를 주셨다. 하지만 사람은 그 자유의지를 이용해 하나님을 떠나 버렸다. 하나님을 떠난 인간의 마음에는 그 어떤 걸로도 채울 수 없는 빈 공간이 생겼다. 그리고 사람은 그 휑한 공간의 허전함을 채우기 위해 안간힘을 쓰며 살게 되었다. 돈, 인정, 힘, 쾌락 등 온갖 방법을 다 써보지만 그 어떤 걸로도 이 공간은 채워지지 않았다.

우린 오랜 경험과 학습을 통해 이런 것들이 우리 마음 속 빈 공간을 채울 수 없음을 잘 안다. 하지만 짠 바닷물을 마시면 마실수록 점점 더 갈증에 시달리는 걸 알면서도, 당장의 갈증을 해결하기 위해 여전히 바닷물을 마시는 것처럼, 우린 그러한 것들을 놓지 못한다. 끊임없이 그것들을 좇아다니면서, 거기에 점점 더 중독되어 간다. 그러면서 마음 속의 공허감은 점점 더 커져 간다.

인간은 자기가 나름 지혜롭다고 생각하지만, 이 끝없는 악순환에서 헤어나올 방법을 찾지 못한 채, 여전히 눌려 살고 있다. 언뜻 보면 꽤 똑똑한 것 같은 인간들이 도대체 왜 이렇게 끝도 없는 수렁 속으로 점점 더 깊이 빠져드는 걸까? 그것은 '해답'을 모르기 때문이다. 우리가 이 해답을 얻기 위해서는 '우리 마음 속 빈 공간이 애초에 왜 생겨났는지' 그 원인부터 찾아야 한다. 그 공간은 하나님을 떠날 때 생긴 것이었다. 그렇다면 해결책은? 그렇다. 바로 하나님을 만나 하나님으로 채우면 되는 것이다. 그러면 더 이상 세상의 헛된 것들에 목매면서 눌려 살지 않게 되는 것이다!

## 신분세탁

하나님께서는 범죄한 인간을 떠나실 수밖에 없었다. 왜냐하면 죄와 함께 할 수 없는 '거룩'이 그분의 속성이기 때문이다. 하지만 하나님은 인간을 너무도 사랑하셨기에, 인간과 함께 하고 싶으셨다. 그래서 기상천외한 아이디어를 생각해 내신다. 바로, 하나님의 아들을 인간으로 보내어 인간들 대신 그 죄값을 치르게 하신 것이다. 그게 바로 십자가 사건이었다! 그렇게 하나님의 아들, 예수 그리스도께서 인간의 몸을 입고 이 땅에 오셔서 인간들이 더 이상 징벌을 받지 않아도 되도록 신분세탁을 해 주셨다. 죄인으로 살던 우리를 의인으로, 죄와 사망의 노예로 살던 우리를 하나님의 자녀로, 그리고 돈, 인정, 힘, 쾌락의 노예로 살던 우리를 하늘나라의 왕자와 공주로, 엄청난 신분 업그레이드를 시켜 주신 것이다.

우리가 신분세탁을 받을 수 있는 방법은 딱 한 가지! '하나님의 아들, 예수 그리스도께서 우릴 대신해 모든 죄값을 다 치르셨다'는 사실을 그냥 믿고 받아들이기만 하면 된다. 우리의 마음 문을 두드리시는 예수님께 마음 문을 열어드리고 들어오시라고 환영하기만 하면 된다. 수많은 그리스도인들이 이렇게 예수님을 영접함으로써 새로운 생명을 얻게 된다. 그러면 하루아침에 신분이 격상되어, 하나님의 자녀로, 하늘나라의 왕자와 공주로 다시 태어나는 것이다. 이것을 전문용어로 '거듭남' 또는 '구원받음'이라고 한다. 그리고 이 거듭남의 과정에서 우리가 노력하거나 대가를 치를 것은 아무것도 없다. 구원은 공짜로 얻는 것이다. 이걸 전문용어로 '구원은 하나님의 선물이다' 혹은 '구원은 은혜로 받는다'라고 한다.

그래서 우리의 인생은 예수님을 영접하기 전(B.C.)과 후(A.D.)로 나뉜다. 성형외과 광고에 흔히 등장하는 before와

after의 차이, 알아보기 힘들 정도의 그 엄청난 변화! 하지만 우리가 구원받기 전과 후, 그 before와 after의 차이는 성형수술에 댈 바가 아니다. 죄인이 의인이 되고, 노예가 자녀가 되고, 종이 왕자와 공주가 되는 어마어마한 신분의 변화, 신분세탁, 신분의 수직상승이 일어나기 때문이다!

## 구원을 받고도 누리지 못하는 삶

하지만 안타깝게도 수많은 그리스도인들이 이미 하나님의 자녀가 되었는데도, 여전히 노예의식, 노예근성을 버리지 못하고 산다. 그 고급스럽고 호사스러운 신분을 누리지 못하고, 다시 옛 습관으로 돌아가 돈, 인정, 힘, 쾌락에 목매며 눌려 산다.

나 역시 모태신앙인으로 태어나 어릴 때부터 신앙생활을 해왔지만, 나의 새로운 신분을 망각하고, 노예의식에 사로잡혀 살았었다. 내 죄를, 다는 아니더라도, 조금이나마 무마시키고 상쇄시킬 수 있는 방법들을 내 나름대로 찾아내어 실행하느라 지칠 대로 지쳐 있었다. 특히 선교사가 되면서 추가된 '사역의 짐'이 늘 내 영혼을 짓눌렀다. 그래서 내 어깨의 무거운 짐들을 덜기 위해 더 많이 노력했다. 하지만 그 노력이 또 다른 짐이 되어 날 더욱더 무겁게 짓눌렀다.

## 다시 복음으로!

내가 이렇게 무거운 짐에 짓눌려 있을 때, 이성훈 교수님의 강의와 책은 나에게 십자가의 은혜를 다시 한번 일깨워 준 복음이었다! 그것은 목마른 나에게 생수와 같은 너무나 기쁜 소식이었다. 그 덕에 그동안 나를 짓누르던 짐을 다 벗어 던진 듯한, 날아갈 듯한 해방감과 자유를 느낄 수 있었다. 그래서 나는 이전의 나처럼, 어느새 다시 노예 마인드로 돌아가 여전히 세상 짐과 사역의 짐에 짓눌려 살고 있는 내 주변의 수많은 그리스도인들, 특히 사역자들에게 이 기쁜 소식을 전하고 싶었다.

그래서 그후 한국에 나갔을 때, 남편과 함께 이 교수님을 무작정 찾아갔다. 첫 만남에서 나는 A4 용지 두 장 가득 빽빽히 질문을 적어 가지고 가서, 그동안 내가 신앙생활을 하면서 갖고 있던 수많은 의문점들에 대해 폭풍질문을 드렸던 기억이 난다. 그리고 그 후로도 이메일을 통하여 이 교수님께 신앙에 관한 여러가지 질문들을 드렸고, 교수님의 지혜로운 가르침들을 받는 축복을 누렸다.

그러면서 나는 아직 세상에 알려지지 않은 이 교수님의 주옥같은 강의들을 책으로 출판하고 싶다는 마음이 들었다. 왜냐하면 이렇게 놀라운 지혜의 말씀들을 그냥 사장시켜 버린다는 것은 '인류의 영적 보물이자 지적 보고(寶庫)의 큰 손실'이란 생각이 들었기 때문이다. 그래서 이 교수님께 이러한 생각을 말씀 드렸고, 교수님께서 허락해 주셔서 그 첫 작품으로 쓴 것이 바로 이 책 '멈출 수 없는 사랑, 아가서의 사랑 이야기'이다.

  놀랍게도 나는 이 책의 원고작업을 하는 동안, 아가서의 술람미 여인이 예수님과의 사랑을 발전시켜 나가는 과정을 단계별로, 생생히, 몸소 체험했다. 처음엔 환상적 사랑으로 예수님을 사랑하면서 원고작업을 시작했는데, 곧 어떤 문제를 통해 내 안의 버림받음의 상처가 드러나면서 그 환상적 사랑이 깨지는 과정을 체험하게 되었다. 그래서 그 상처를 십자가에 가지고 나아가 예수님 안에서 치유받고, 다시 진실된 사랑, '성소에서의 사랑'의 단계로 넘어갔지만, 어느새 또 내 눈 앞에서 예수님이 사라지신 것 같은 느낌이 들면서, 말할 수 없는 상실감과 절망감에 시달리기도 하였다. 하지만 나는 술람미 여인이 그랬던 것처럼, 과거 예수님과의 사랑의 추억들을 하나하나 기억해 내면서 예수님을 다시 찾아 나선 끝에, 어느새 내 무의식 깊은 곳, 가장 어둡고 부끄러운 부분에까지 내려가 계신 예수님을 만날 수 있었다. 이러한 일련의 과정을 통해, 지금은 예수님을 향한 보다 견고한 '사랑의 회로'를 형성해 나가는 중이다.

  이처럼 성령님께서는 이 책에서 말하고 있는 내용들을 나로 하여금 먼저 생생히 체험하게 해 주심으로써, 이 책에서 언급된 영적 진리들이 과연 사실임을 친히 검증시켜 주셨다.

독자 여러분도 이 책을 통해 '사랑의 중도포기증'을 치유받을 뿐만 아니라, '사랑의 회로'를 견고하게 형성해 나감으로써, 우리가 그토록 갈구하는 사랑을 찐하게 누리시는 행복한 삶이 되시길, 그리고 하나님을 사랑하고 이웃을 사랑하는 복된 그리스도인들이 되시길 간절히 기도한다.

2021년 2월

대만 타이중에서 허계영

# 멈출 수 없는 사랑,
# 아가서의 사랑 이야기

**초판 1쇄 발행** 2021년 4월 20일
**초판 2쇄 발행** 2021년 6월 14일

**지은이** 이성훈, 허계영
**발행인** 이의영

**펴낸곳** 도서출판 성인덕
**출판등록** 제2019-000115호
**주소** (06241) 서울시 강남구 테헤란로4길 46, 100동 118호(역삼동, 쌍용플래티넘밸류)
**전화** 02-564-0602
**팩스** 02-569-2917

ISBN 979-11-966783-5-7(03230)

- 책값은 뒤표지에 있습니다.
- 이 책의 일부 또는 전부를 재사용하시려면 반드시 도서출판 성인덕의 동의를 얻어야 합니다.
- 잘못 만들어진 책은 구입하신 곳에서 교환해드립니다.